Neue Wege der Kommunalverwaltung

Von

Ministerialdirigent **Gärtner** (Büro des Reichssparkommissars), Präsident **Dr. Haekel** (Reichsstädtebund), Professor **Dr. Hoffmann** (Hauptgesundheitsamt der Stadt Berlin), Ministerialdirektor **Dr. von Leyden** (Preuß. Ministerium des Innern), Präsident **Dr. Mulert** (Deutscher und Preußischer Städtetag), Stadtrat **Dr. Muthesius** (Bezirksamt Berlin-Schöneberg), Ministerialrat **Dr. Surén** (Preuß. Ministerium des Innern), Landrat **Tapolski** (Landratsamt Düsseldorf)

Herausgegeben von der

Verwaltungs-Akademie Berlin

Walter de Gruyter & Co.

vormals G. J. Göschen'sche Verlagshandlung
J. Guttentag, Verlagsbuchhandlung — Georg
Reimer — Karl J. Trübner — Veit & Comp.

Berlin W 10 und Leipzig

1932

Archiv-Nr. 13 04 32

Druck von Walter de Gruyter & Co., Berlin W 10

Inhaltsverzeichnis.

Vorbemerkung.

Die hier veröffentlichten Aufsätze geben Vorträge wieder, die für Kommunalbeamte an der Verwaltungs-Akademie Berlin gehalten wurden. Zweck dieser Veranstaltungen ist, den Interessenten der Kommunalverwaltung auf wissenschaftlicher Grundlage die für die Verwaltung entscheidenden Probleme darzulegen und damit der Praxis Möglichkeiten für eine Überwindung der gerade in den letzten Jahren sich steigernden Schwierigkeiten aufzuweisen. Die alle Gebiete des öffentlichen Lebens bedrückende Krise drängt die finanziellen und organisatorischen Gesichtspunkte in den Vordergrund der Betrachtung. Ersparnisse in allen Zweigen und Vereinfachungsmaßnahmen sind gegenwärtig die Wege, die zu einer Anpassung der kommunalen Verwaltung an die sich mehr und mehr verengende Wirtschaftsbasis führen können und daher hier vorgeschlagen werden. Dabei ist für eine erfolgreiche und gerechte Durchführung eine auf eingehender Sachkenntnis beruhende Auseinandersetzung mit den wirtschaftlichen, sozialen, rechtlichen und politischen Voraussetzungen und Wirkungen notwendig.

So will diese Schrift unter Beschränkung auf das in der Gegenwart Erreichbare einen Beitrag zur praktischen Verwaltungsreform bieten.

Berlin, den 24. Februar 1932.

Für die Verwaltungs-Akademie

Der Syndikus

Walter Pietsch.

Entwicklungstendenzen der kommunalen Selbstverwaltung.

Von Dr. **Mulert,**
Präsident des Deutschen und Preußischen Städtetages.

Verflechtung der kommunalen Selbstverwaltung mit dem gesamten öffentlichen Leben.

Die kommunale Selbstverwaltung führt kein Leben für sich. Sie ist — das ist das Ergebnis ihrer Geschichte von 1808 bis auf den heutigen Tag — unlösbar in die großen Zusammenhänge unseres öffentlichen Lebens verflochten und nur in diesen Zusammenhängen zu verstehen. Man kann deshalb von den Entwicklungstendenzen der Selbstverwaltung nicht sprechen, ohne auch auf Staat und Wirtschaft und die geistige Haltung der Zeit einzugehen. Die Entwicklungslinien in unserem Staatswesen herauszuarbeiten, stößt aber heute auf größte Schwierigkeiten. Die wirtschaftliche, außen- und innenpolitische Lage, die materiellen Lebensgrundlagen und die inneren Kräfte, die die soziale Gemeinschaft tragen, sind tiefgreifenden Wandlungen unterworfen. Selbst an leitenden Stellen ist kaum das Geschehen in den nächsten Wochen zu übersehen. Die Zeit ist aus den Fugen geraten. Und deshalb erfordert unser Thema mehr als einen Überblick über die vielfältigen und sich kreuzenden Tendenzen. Es erfordert ein Stück Glauben, den Glauben, daß sich die Kräfte, die die Grundlage jeder staatlichen Ordnung bilden, Vertrauen, Verantwortung und Verständnis für die Lebenserfordernisse des Ganzen, in allen Wirren der Gegenwart durchsetzen. Die kommunale Selbstverwaltung hat in mehr denn zwölf Jahrzehnten so manche wirtschaftliche und soziale Umwälzung überdauert. Sie wird auch die Krise der Gegenwart überstehen. Sie wird aber in Anpassung an die allgemeinen Strukturwandlungen des öffentlichen Lebens neue Formen und Wirkungsmöglichkeiten gewinnen müssen. Über diese Linie zwischen dem Gestern und Heute und

Heute und Morgen muß man sich klar werden. Es kann sich hier nicht darum handeln, die Entwicklung auf den einzelnen Gebieten der kommunalen Betätigung zu verfolgen. Die lebendige Chronik des aktuellen Geschehens bilden die kommunalen Zeitschriften, das Kommunale Jahrbuch und die sonstige kommunalpolitische Literatur. Im folgenden sollen vielmehr die wesentlichsten allgemeinen Entwicklungstatsachen herausgehoben und die Zielpunkte aufgezeigt werden, auf die sich die Reformen richten müssen.

Entwicklung zur Demokratie.

Bei den Stein-Feiern dieses Jahres ist wiederholt hervorgehoben worden, daß der zentrale Gesichtspunkt, aus dem Stein die Selbstverwaltung geschaffen hat und aus dem sie allein zu verstehen ist, der Staat ist. Es kann nicht genügend betont werden, daß es sich bei der Einrichtung der Selbstverwaltung nicht um eine rein technische Frage zweckmäßiger Behördenorganisation und auch nicht um eine bloße Schutzeinrichtung für das Sonderleben in den einzelnen Orten, um einen Minderheitenschutz handelt, sondern darum, dem Staat durch enge Verbindung des Bürgers mit der Verwaltung neue Kraftquellen zu erschließen. Daß es Stein bei der Selbstverwaltung auf diese staatspolitische Funktion ankam, geht aus seinen Denkwürdigkeiten — deren 1. Band kürzlich, von der Reichsregierung, der Preußischen Staatsregierung und dem Deutschen und Preußischen Städtetag gemeinsam herausgegeben, erschienen ist — eindeutig hervor. In der Nassauer Denkschrift vom Juni 1807 hat er als die letzten Ziele der Selbstverwaltung bezeichnet »die Belebung des Gemeingeistes und Bürgersinns, die Benutzung der schlafenden oder falschgeleiteten Kräfte und der zerstreut liegenden Kenntnisse, den Einklang zwischen dem Geist der Nation, ihren Ansichten und Bedürfnissen und denen der Staatsbehörden, die Wiederbelebung der Gefühle für Vaterland, Selbständigkeit und Nationalehre«. »Der Formenkram und Dienstmechanismus in den Kollegien«, so schrieb er, »wird durch Aufnahme von Menschen aus dem Gewirre des praktischen Lebens zertrümmert, und an seine Stelle tritt ein lebendiger, fest strebender, schaffender Geist und ein aus der Fülle der Natur genommener Reichtum von Ansichten und Gefühlen«. Aus diesem inneren unlösbaren Zusammenhang ergibt sich aber auch umgekehrt, daß Selbstverwaltung und Staat sich in ihren

Funktionen ergänzen, daß deshalb eine starke Selbstverwaltung auch einen starken Staat voraussetzt und die Schwäche des Staats auf die Selbstverwaltung zurückwirkt.

Verschiedentlich wird nun die Auffassung vertreten, daß die kommunale Selbstverwaltung ihre staatspolitische Bedeutung und damit ihren eigentlichen Sinn und Zweck verloren habe, als der monarchische Militär- und Beamtenstaat und der Konstitutionalismus vom reinen Volksstaat abgelöst worden sei. Die Mission der Selbstverwaltung, Wegbereiter des demokratischen Gedankens zu sein, sei beendet. Bei näherer Betrachtung hält diese Auffassung nicht stand. Die örtliche Selbstverwaltung ist als Ergänzung der nach ganz anderen Grundsätzen arbeitenden staatlichen Verwaltung auch im demokratischen Volksstaat unentbehrlich.

Daß die Erziehung zum Staatsbürgersinn heute mehr denn je notwendig ist, bedarf keiner Ausführung. Der Staatsbürgerunterricht in den Schulen, die politische Arbeit in den Parteien, Gewerkschaften und sonstigen Vereinigungen und Organisationen reichen nicht aus. Es fehlt ihnen, wenn nicht schon die Anschaulichkeit, so doch der Überblick über die Gesamtinteressen. In der Gemeinde müssen sich die ideologischen Forderungen und regiminellen Anordnungen in praktische Arbeit umsetzen. In der Natur dieser Arbeit, die auf Betreuung der Interessen der gesamten Einwohner gerichtet ist, liegt es, daß sich hier die Einseitigkeit der Interessenstandpunkte nicht halten läßt. Gewiß verläuft die kommunale Arbeit nicht außerhalb der Politik. Da die Gemeinde ein politischer Verwaltungskörper ist, wäre eine solche Forderung geradezu Utopie. Der Zwang aber, die Interessen der ganzen örtlichen Gemeinschaft wahrzunehmen, wirkt sich dahin aus, daß die Gemeinden nach wie vor gegen die Übermacht zentraler Parteimaximen einen wirksamen Hemmschuh bilden.

In gleicher Richtung wie diese erzieherische Funktion wirkt die kulturelle Bedeutung der Selbstverwaltung. In welchem Maß in Frankreich mit dem politischen Zentralismus ein kultureller parallel geht, ist bekannt. Überall kann man dagegen in Deutschland beobachten, wie aus der Selbstverwaltung in allen Reichs- und Landesteilen eine Fülle von Kulturmittelpunkten erwachsen ist und wie diese eigenständige Kultur auch politisches Selbstbewußtsein und Selbstvertrauen verleiht. Daß sich diese Selbständigkeit gerade in den gegenwärtigen unruhigen Zeiten psychologisch überaus wertvoll auswirkt und ganze Reichsteile von den sozialen, politischen und wirtschaftlichen Schwankungen, die die Zentrale unter allen Umständen erschüttern können, weitgehend freihält, hat sich in den stürmischen Jahren der Nachkriegszeit — vor wenigen Monaten noch bei dem nur psychologisch zu erklärenden Run auf die Sparkassen — gezeigt.

Die organisatorische Bedeutung der Selbstverwaltung, eine Dezentralisation sowohl der Verantwortung wie der Kontrolle zu ermöglichen, kommt hinzu. Die Betreuung der Arbeitslosen ist ein Beispiel dafür, daß eine zweckmäßige und von lebendiger Anschauung der örtlichen Verhältnisse getragene Durchführung der öffentlichen Aufgaben nur in der Gemeinde möglich ist. Daß die Parlamente nur die obersten Spitzen des Staats einer politischen Kontrolle unterziehen können und daß auch bei stärkster Zusammenarbeit von Parlament und Regierung ihr Einfluß sich nicht immer unmittelbar und mit ganzer Kraft bis in die untersten Glieder des Behördenorganismus durchzusetzen vermag, braucht nicht erst an Beispielen dargelegt zu werden. In den außergewöhnlichen Zeiten, die wir jetzt durchleben, der Zeit der Notverordnungen, in denen in der Zentrale die Ministerialbürokratie fast unbeschränkt herrscht, erscheint die Selbstverwaltung in besonderem Maß dazu berufen, die Verbindung zwischen Bürgerschaft und öffentlicher Verwaltung zu wahren. Gewiß stößt solche lebendige Zusammenarbeit in großstädtischen Verhältnissen auf größere Schwierigkeiten als in kleineren und mittleren Gemeinden; zu einem wesentlichen Teil werden aber die neueren Bestrebungen, die Großstadtverwaltungen zu dekonzentrieren und zu rationalisieren und dabei die Verantwortlichkeit klar zu regeln und herauszustellen, diese Schwierigkeiten überwinden.

Aus diesen verschiedenen Gründen, die hier nur kurz angedeutet werden konnten, ist es nicht richtig, der Selbstverwaltung heute staatspolitische Funktionen abzusprechen. Gerade in Kreisen der Staatsbürokratie stößt man nur zu oft auf diese der geschichtlichen Erfahrung widersprechende Einstellung, die die Selbstverwaltung lediglich als eine organisationstechnische Frage des Behördenaufbaues ansieht und sie demgemäß in die Region der Zweckmäßigkeitserwägungen verweisen, nach taktischen Gesichtspunkten einschränken oder erweitern zu können glaubt. Es bedeutet aber darüber hinaus eine folgenschwere Verkennung des gegenwärtigen politischen Kräftesystems, wenn man die

Selbstverwaltung wegen der verschiedenen Mehrheitsverhältnisse in den Gemeindevertretungen sogar als eine Machtzersplitterung wertet, die der Durchsetzung eines einheitlichen Reichswillens entgegensteht. Die Gliederung des Reichs in Länder und Gemeinden hat nach wie vor den Sinn, die Kräfte aus allen Teilen des Landes und aus allen Schichten der Bevölkerung für den Staat zu sammeln und zusammenzufügen.

Machtzuwachs des Reichs.

Zeigen diese Überlegungen, daß die Selbstverwaltung gerade in einer Zeit wie der jetzigen unzweifelhaft als notwendig anerkannt und nach Möglichkeit gestärkt werden muß, so lassen sich andererseits Tatsachen feststellen, die ihrer Entwicklung geradezu entgegenwirken. Wenn oben der Erfahrungssatz festgestellt wurde, daß Voraussetzung für eine starke Selbstverwaltung ein starker Staat sei, so ist hier darauf hinzuweisen, wie die Schwächen des Reichsaufbaues, die in den Beratungen der Länderkonferenz unter dem Stichwort Gravamina des Staatslebens eingehend erörtert worden sind, auch die kommunale Selbstverwaltung schwächen. Die Städtetage in Magdeburg 1927 und in Breslau 1928 (Schriftenreihe des Deutschen Städtetages Heft 1 und Heft 4) haben die Öffentlichkeit auf diese Gefahrenquelle hingewiesen. Was damals ausgeführt wurde, daß die Duplizität zwischen Reich und Ländern in Gemeindeangelegenheiten sich insbesondere bei der Finanzgesetzgebung und in den Organisationsfragen mehr und mehr ungünstig auswirkt, daß keine der gesetzlichen und Verwaltungsstellen im Reich und in den Ländern die volle Zuständigkeit, keine infolgedessen auch die volle Verantwortung für die Gemeinden trägt, und daß in den Auseinandersetzungen zwischen dem Reich und den Ländern die Gemeinden als die staatsrechtlich Schwächsten zerrieben werden, ist durch die Entwicklung in den letzten Jahren bestätigt worden. Mindestens seit dem Winter 1930/31 war es allen Einsichtigen klar, daß die gewaltigen Mehrbelastungen der Gemeinden durch das Anwachsen der Ausgaben für die Wohlfahrtserwerbslosen und den Rückgang der Einnahmen nicht allein durch Selbsthilfemaßahmen ausgeglichen werden können, sondern ergänzende organisatorische und finanzielle Maßnahmen des Staats notwendig machen. Auch in den Monaten der höchsten Not haben sich aber das Reich und die Länder weder über die Initiative zur Sanierung der Gemeindefinanzen noch über das Ausmaß und die notwendige systematische Ergänzung der Hilfeleistungen einigen können. Und nach Erlaß der dritten Reichsverordnung zur Sicherung von Wirtschaft und Finanzen vom 6. Oktober 1931, die diese Regelung bringen sollte, hat die Arbeitsgemeinschaft der kommunalen Spitzenverbände die Öffentlichkeit wiederum darauf hinweisen müssen, daß die Hilfe, die das Reich für die Gemeinden vorgesehen hat, durch Verschlechterung des Landesfinanzausgleichs in den einzelnen Ländern illusorisch gemacht wird.

Die Mängel des Reichsaufbaues spiegeln sich auch in dem Nebeneinander der von den Ländern geübten Kommunalaufsicht und der Kontrolle der Gemeinden durch das Reich. Wohl 90 v. H. der reichsrechtlichen Regelungen betreffen Aufgaben, deren Durchführung den Gemeindeinstanzen obliegt. Trotz dieser materiellen Zuständigkeit des Reichs liegt die formale Zuständigkeit der Staatsaufsicht allein bei den Ländern. Aus diesem Auseinanderfallen der tatsächlichen Entwicklung und des geltenden Rechts erklärt es sich, daß das Reich auf indirektem Wege seinen Einfluß zu verstärken sucht, anstatt die reichsrechtlichen Regelungen auf das Grundsätzliche zu beschränken, ins Einzelne gehende, schematisierende Vorschriften aufstellt und Bedarfszuweisungen mit Kommunalaufsichtsmaßnahmen verquickt. Der Ausbildung einer solchen indirekten Finanzaufsicht außerhalb der staatsrechtlichen Zuständigkeitsregelungen stehen ernsteste Bedenken entgegen. Sie verwischt die Grenzen der Verantwortung und schafft Abhängigkeitsverhältnisse, die dem Wesen der Selbstverwaltung widersprechen.

Auch der Ausbau der unmittelbaren Reichsverwaltung ist zum wesentlichen Teil auf den Wunsch der Reichsinstanzen zurückzuführen, über die gegenwärtigen verfassungsrechtlichen Schranken hinweg auf die örtliche Verwaltung Einfluß zu gewinnen. Gewiß wird man die Einrichtung der Reichsfinanzverwaltung rückschauend als eine richtige Maßnahme ansehen müssen und es begrüßen, daß es in der Gesetzgebung des letzten Jahres endlich gelungen ist, die notwendige organisatorische Verbindung der Gemeindeverwaltung mit der Reichsfinanzverwaltung zu verstärken. Überaus zweifelhaft ist dagegen die Frage, ob die Schaffung der Reichsarbeitsämter zweckmäßig gewesen ist. Geradezu verhängnisvoll wäre es aber, wenn die Reichsarbeitsämter zu Reichssozialämtern ausgebaut würden, was zu befürchten wäre, wenn die Betreuung der Erwerbslosen den Arbeitsämtern übertragen würde. Immer wieder hat der Städtetag darauf hingewiesen, daß die Zersplitterung in Spezialbehörden die Einheitlichkeit der Verwaltung zerreist, die Reibungen vermehrt, den Verwaltungsapparat verteuert, die Ausgaben erhöht und dem Staatsbürger in einer gerade heute nicht zu rechtfertigenden Weise den Verkehr mit den Behörden erschwert.

Diese kurzen Hinweise werden es zur Genüge deutlich machen, daß ein großer Teil der innerpolitischen Schwierigkeiten des letzten Jahrzehnts daher rührt, daß die nach Lage der Verhältnisse notwendige organische Verbindung der Gemeinden mit dem Reiche fehlt.

Krise des Parlamentarismus.

Ein weiterer Entwicklungszug in der gegenwärtigen Verfassungslage ist die vorübergehende Abwendung vom Parlamentarismus, die sich beim Reich und bei den Ländern in der Handhabung des Art. 48 der Reichsverfassung, der entsprechenden Bestimmungen der Landesverfassungen und der in der Reichsverordnung zur Sicherung der Haushalte von Ländern und Gemeinden vom 24. August 1931 gegebenen Ermächtigungen zeigt. Die gleichen Kräfte, die Reich und Länder von der regulären Gesetzgebung zu Notverordnungen abgedrängt haben, wirken sich selbstverständlich und aus psychologischen Gründen vielfach in erhöhtem Maße auch in den Stadtparlamenten aus. Das formale Versagen vieler Gemeindevertretungen bei der Beschlußfassung über die Notverordnungssteuern, das im Winter 1930/31 zur Einsetzung von Staatskommissaren geführt hat, ist zweifellos vom Standpunkt der Selbstverwaltung aufs höchste zu bedauern. Es wäre aber verfehlt, hier von einer besonderen Krise der kommunalen Selbstverwaltung zu sprechen, und die tieferen Ursachen zu übersehen, die in der finanziellen Überlastung der Gemeindefinanzen, in der Tragödie der innerdeutschen Verwaltungsreform und in den Wandlungen im gesamten parlamentarischen Leben begründet sind. Diese Zusammenhänge zeigen sich noch deutlicher in der neueren Entwicklung. Die Notverordnungen der letzten Monate haben die Gemeindevertretungen von der Mitwirkung bei den Sanierungsmaßnahmen ausgeschaltet. Gewiß muß unter den heutigen Verhältnissen die energische Durchführung der Sanierungsaktion unter allen Umständen sichergestellt werden. Der Städtetag hat deshalb seinerzeit vorgeschlagen, zur Aufrechterhaltung einer geordneten Finanzwirtschaft in äußersten Notfällen dem Gemeindevorstand ein dem Notverordnungsrecht der Staatsregierung entsprechendes Notbeschlußrecht zu geben. Die Landesregierungen sind aber im Spätsommer 1931 über diesen Vorschlag hinausgegangen und haben die Durchführung der Sanierungsmaßnahmen unter völliger Ausschaltung der Gemeindevertretungen allgemein den Verwaltungsorganen der Gemeinden übertragen. Diese Entwicklung mutet wie ein grundsätzliches Abrücken von der Reformidee Steins, die gerade in der Zeit höchster Not des Staates als wesentlichste Maßnahme die Mitbeteiligung der Bevölkerung forderte, an. Ohne sich von parteipolitischen Auffassungen beeinflussen zu lassen, muß man die Tendenz feststellen, daß jetzt die Bevölkerung, nachdem sie in mehr als zwölf Jahrzehnten zur Mitarbeit an den städtischen Angelegenheiten herangezogen und erzogen worden ist, in einer Zeit von der unmittelbaren Mitwirkung ferngehalten wird, in der sie an den öffentlichen Dingen aufs leidenschaftlichste teilnimmt. Es ist wiederum keine parteipolitische Stellungnahme, sondern eine notwendige Folgerung aus dem Wesen der Selbstverwaltung, wenn man gegenüber dieser Entwicklung betont, daß an dem Grundsatz der Mitbeteiligung der Bevölkerung auch heute unbedingt festgehalten werden muß und daß eine Ausschaltung der Gemeindevertretungen nur gerechtfertigt erscheint, wenn und soweit sie sich der Verantwortung für die erforderlichen Maßnahmen entziehen. Auf weite Sicht gesehen, wird die Ausschaltung der Gemeindevertretungen zu einer Schwächung der kommunalen Selbstverwaltung führen, da die innere Kraft der Selbstverwaltung in der tätigen Mitwirkung der Bürgerschaft liegt, und da die weitgehende Ermächtigung der kommunalen Verwaltungsorgane in der öffentlichen Meinung den Wesensunterschied zwischen Staats- und Selbstverwaltung verwischt und schließlich auch den Gemeindevorstand, indem sie ihn seines festen Rückhalts in der Gemeindevertretung beraubt, in stärkere Abhängigkeit von den Zentralbehörden bringt. In vielen Gemeinden haben die Gemeindevorstände deshalb trotz der ihnen gegebenen Ermächtigung die Gemeindevertretungen zu den beabsichtigten Sanierungsmaßnahmen gehört. Es wird aber für die gesamtpolitische Entwicklung von grundlegender Bedeutung sein, ob es in der nächsten Zeit gelingen wird, die Bevölkerung wenigstens in den Gemeindevertretungen wieder an der öffentlichen Verwaltung zu beteiligen.

Einfluß der Wirtschaftsentwicklung.

Neben den vorstehend geschilderten Veränderungen in der Verfassungslage wirken die Wandlungen in den wirtschaftlichen Verhältnissen bestimmend auf die Entwicklung der Selbstverwaltung ein. Vergleicht man eine städtische Rechnung aus dem Anfang des vorigen Jahrhunderts mit dem Etat einer modernen Großstadt, so sieht man, wie in einem Zeitraum, in dem die gemeindliche Organisation keine grundlegenden Änderungen erfahren hat, eine völlige Umwandlung des Inhalts der kommunalen Arbeit eingetreten ist. Immer stärker sind die Gemeinden in das wirtschaftliche Leben hineingezogen worden, und es ist überaus interessant zu beobachten, daß die wirtschaftliche Betätigung der Gemeinden ihren Aufschwung nicht erst unter dem Einfluß sozialistischer Mehrheiten, sondern bereits in den Jahrzehnten des vorigen Jahrhunderts genommen hat, in denen der Liberalismus die maßgebende Rolle in den Rathäusern spielte. Um die gegenwärtige Verflechtung der kommunalen Arbeit mit der Wirtschaft richtig zu würdigen, muß man sich klarmachen, daß Verwalten in der örtlichen Instanz zum überwiegenden Teil Wirtschaften bedeutet, daß also nicht nur die Tätigkeit der Verkehrs- und Versorgungsbetriebe und der sonstigen wirtschaftlichen Unternehmungen der Gemeinden, sondern auch Schulverwaltung, Straßenbau und -unterhaltung, Wohlfahrtspflege und die gesamten öffentlichen Anstalten unmittelbar in das Wirtschaftsleben eingreifen.

In der Nachkriegszeit hat diese Entwicklung wichtige Veränderungen erfahren. Einmal hat sich der Staat, der sich im 19. Jahrhundert unter dem Einfluß der liberalen Staatstheorie vom Wirtschaftsleben zurückhielt, mehr und mehr der Wirtschaft zugewendet, so daß die Zusammenarbeit zwischen Staats- und Gemeindeverwaltung auf wirtschaftlichem Gebiet zu einer wichtigen Aufgabe geworden ist. Ferner hat der Ideenkreis, der durch die Forderung »Selbstverwaltung der Wirtschaft« gekennzeichnet wird, an Boden gewonnen. Mehr und mehr wird aber erkannt, daß die berufsständischen und wirtschaftlichen Selbstverwaltungskörper naturgemäß dahin neigen, einseitige Interessen zu vertreten und daß gerade diese Entwicklung dahin führt, die vielbesprochene Polykratie der öffentlichen Wirtschaft (vgl. Popitz, Der Finanzausgleich und seine Bedeutung für die Finanzlage des Reichs, der Länder und Gemeinden, Berlin

1930) zu verstärken. Auch hier ergibt sich deshalb das Problem, wie die Arbeit dieser Organisationen in engere Verbindung mit der kommunalen Selbstverwaltung gebracht werden kann, um die Wahrung der Gesamtinteressen und die Geschlossenheit der örtlichen Verwaltung und Wirtschaft sicherzustellen.

Eine neue und für die weitere Entwicklung der Selbstverwaltung weithin entscheidende Wendung ist durch den Einfluß der Wirtschaftskrise auf die öffentlichen Finanzen eingetreten. Es handelt sich bei den durch die wirtschaftliche Depression notwendig gewordenen Maßnahmen um mehr als um Etatsausgleich, Schuldenkonsolidierung und technische Neuorganisation der öffentlichen Betriebe und Gesellschaften. Es handelt sich bei den einzelnen Sanierungsmaßnahmen und ferner beispielsweise bei der Sparkassenreform, die zu einer gewissen Loslösung der Sparkassen von den Gemeinden geführt hat, oder bei dem Ausbau des Revisionswesens um Fragen, die — was hier im einzelnen nicht ausgeführt werden kann — von größter Tragweite für die weitere Entwicklung sind. Der Zwang, für die Dauer der Notzeit zur Sicherung der Fürsorge für die Arbeitslosen und zur Erhaltung der Grundlagen der öffentlichen Wirtschaft einen einschneidenden Aufgabenabbau vorzunehmen und die übrigen Ausgaben aufs stärkste zu drosseln, Reich, Länder und Gemeinden zur Durchführung einer einheitlichen Sanierungsaktion zusammenzuschließen und in das Wirtschaftsleben in einem Maße einzugreifen, das noch vor Jahresfrist niemand für möglich gehalten hätte, — alle diese Entwicklungsreihen weisen auch die kommunale Selbstverwaltung in neue Bahnen, deren Verlauf noch nicht zu übersehen ist.

Entwicklung der kommunalen Gemeinschaftsarbeit.

Um die Entfaltung der in der kommunalen Selbstverwaltung wirkenden Verwaltungs- und Wirtschaftskräfte verständlich zu machen, bedarf es schließlich eines Hinweises auf die vielseitigen Zusammenschlüsse der Gemeinden zu überörtlicher Gemeinschaftsarbeit. Es kann hier nicht die Entwicklung geschildert werden, wie sich zunächst in den großen Städten zu den Vorort- und Nachbargemeinden, dann innerhalb der Industriebezirke und darüber hinaus Beziehungen anknüpften, die ein Zusammengehen mehrerer Gemeinden notwendig machten, wie die zunehmende Ausdehnung der Versorgungsgebiete kommunaler Unternehmungen das Land mit einem Netz überörtlicher Gemeinschaftsarbeit überzog und wie sich im Verlauf dieser Entwicklung aus dem Nebeneinander der Selbstverwaltungskörper eine natürliche Ordnung der Zusammenarbeit bildete. Auf wirtschaftlichem und sozialem, kulturellem und staatspolitischem Gebiet treten jetzt die historisch-regionalen Grenzen zurück und wachsen sich die Fragen zu Reichsproblemen aus, die einheitlich angegriffen werden müssen. Zum Hauptträger dieser Gemeinschaftsarbeit sind der Deutsche Städtetag und die übrigen Spitzenverbände geworden. Ihre Beratungs- und Organisationstätigkeit und ihre staatspolitische Mitarbeit an der zentralen Gesetzgebung, Verwaltung und Wirtschaft sind Gemeinschaftsarbeit (vgl. die im September 1930 herausgegebene Jubiläumsschrift »25 Jahre Gemeinschaftsarbeit deutscher Städte«, Schriftenreihe des Deutschen Städtetages Heft 12). Und ebenso sind die großen Aktionen, die der Kommunalpolitik der letzten Jahre das Gepräge gegeben haben, wie vor allem die Konsolidierungsaktion, die Neuorganisation des kommunalen Revisionswesens und die Sanierungsmaßnahmen vom Sommer 1931 Gemeinschaftswerk der Selbstverwaltung. Traten früher derartige Aufgaben auf, die über die Grenzen der einzelnen Gemeinde hinaus Angelegenheit einer weiteren Gemeinschaft waren, so mußte man sie den Provinzen, dem Staat oder auch gemischtwirtschaftlichen Unternehmungen — es sei nur auf das Rheinisch-Westfälische Elektrizitätswerk verwiesen — überlassen. Gerade diese Entwicklung hat dazu beigetragen, die Organisation der öffentlichen Verwaltung und Wirtschaft kompliziert und undurchsichtig zu gestalten und den Zentralismus zu stärken. Jetzt erlaubt die überkommunale Gemeinschaftsarbeit, die die kommunale Verwaltungskraft potenziert, Aufgaben in der Sphäre der Selbstverwaltung zu halten, denen die einzelne Gemeinde nicht mehr gewachsen wäre. Die Entwicklung der Gemeinschaftsarbeit ist aber mehr als ein Ausdruck größerer Organisationsgabe, sie ist ein Zeichen des großen Vereinheitlichungszuges, der durch unsere Zeit geht und dem sich auch die kommunale Selbstverwaltung nicht entziehen konnte und durfte. In der überkommunalen Gemeinschaftsarbeit ist es gelungen, diesem Vereinheitlichungszuge eine Form zu geben, die dem Wesen der Selbstverwaltung entspricht und einem schematisierenden Zentralismus entgegenwirkt. Die Gemeinschaftsarbeit, das Wirken einer kollektiven Verantwortung und eines einheitlichen kommunalen Willens, zeugt wohl am stärksten von der Lebenskraft und Zukunftsbedeutung der Selbstverwaltung.

Ausblick.

Hiermit dürften die wesentlichen Entwicklungslinien der kommunalen Selbstverwaltung in ihrem Verhältnis zum Staatsganzen, zur Wirtschaft und im Verhältnis der Gemeinden und Gemeindeverbände untereinander umrissen sein. Wenn im folgenden diese Linien weitergeführt werden sollen, so kann es sich nicht um Prophezeiungen handeln, wie die tatsächliche Entwicklung verlaufen wird, sondern um die auf Recht und Geschichte und auf systematische Reformgedanken gestützte Feststellung, welche Bahnen die Staats- und Kommunalpolitik einschlagen muß, um den inneren Wachstumsgesetzen der kommunalen Selbstverwaltung zu entsprechen.

Es kann kein Zweifel sein, daß dringendstes Erfordernis die Wiederherstellung der Selbstverantwortung der Gemeinden ist, da in ihr die lebendige Kraft der Selbstverwaltung ruht. Unter den organisatorischen Maßnahmen, die diesem Ziel dienen sollen, steht eine Reform der Gemeindeverfassung an erster Stelle, die die Verantwortlichkeit in der inneren Gemeindeverwaltung klar regelt und diese Verantwortung durch Übergang zum Einkörpersystem grundsätzlich der Gemeindevertretung auferlegt, denn diejenige Stelle, die letzten Endes den entscheidenden Einfluß hat, muß auch die letzte Verantwortung tragen. Der Entwurf einer Reichsstädteordnung, den der Deutsche Städtetag vorgelegt hat, zeigt die Grundlinien einer solchen Reform. So viel Staatsaufsicht wie notwendig, aber so viel Freiheit für die Selbstverantwortung wie möglich, ist ihr Leitgedanke. Im gleichen Sinne muß die Finanzreform darauf gerichtet werden, die Gemeinden selbständig auf die eigenen Füße zu stellen. Die Steuerquellen müssen deshalb zwischen Reich, Ländern und Gemeinden nach Möglichkeit geschieden werden. Die Reichsdotationen sind auf ein Mindestmaß zu beschränken und die Verkoppelung der Gemeindefinanzen mit den Länderfinanzen ist zu lösen. Das kommunale Steuersystem muß in sich möglichst beweglich gestaltet werden; nach dem Vorbild der Miquelschen Reform müssen Steuerverkoppelungen eine gerechte Heranziehung aller Bevölkerungskreise sichern. Im einzelnen ergeben sich bei der Durchführung dieses

Programms naturgemäß viele Zweifelsfragen. Hier sei nur darauf verwiesen, daß eine Abtrennung der Gemeinden von der Einkommensteuer gerade unter dem Gesichtspunkt der Selbstverantwortung abgelehnt werden muß, da die Einkommensteuer der Gradmesser der wirtschaftlichen Entwicklung in der einzelnen Gemeinde ist und deshalb aufs engste mit ihrer gesamten Verwaltung und Wirtschaft verbunden ist und verbunden bleiben muß. Schließlich muß die Selbstverantwortung auch auf wirtschaftlichem Gebiet gewahrt bleiben. Die Versuche, die Gemeinden auf einen Katalog zulässiger wirtschaftlicher Betätigung festzulegen, verkennen die Kräfte der Selbstverantwortung ebenso wie die Erfordernisse der Praxis.

Das zweite Reformziel muß sein, den Wirkungskreis der Gemeinden, der jetzt von seiten des Reichs, der Länder und der beruflichen und wirtschaftlichen Selbstverwaltung ausgehöhlt wird, zu festigen. Es entspricht der Stellung der Gemeinden als Unterbau des Staates, daß die Lokalverwaltung in weitestem Umfange den Gemeinden übertragen wird. Umfassende Vorschläge für eine solche Reform liegen vor. Nur einige aktuelle Beispiele seien hier angeführt. Die Grenzen zwischen Polizei und Selbstverwaltung müssen in der Weise neu gezogen werden, daß die sogenannte Verwaltungspolizei den Gemeinden übertragen wird. Auch die Aufgaben des Kreisarztes sind allmählich auf die kommunale Selbstverwaltung zu übertragen. Die gesamte Fürsorge ist grundsätzlich in der Hand der Gemeinden zusammenzufassen. Deshalb ist auch die Betreuung der Wohlfahrtserwerbslosen trotz den gegenwärtigen großen Schwierigkeiten bei den Gemeinden zu belassen. Ebenso muß die Förderung der vorstädtischen Kleinsiedlung in der Hand der Gemeinden verbleiben. Auch bei der Preissenkungsaktion und allen sonstigen Aktionen von Reich und Land, die in die Lokalverwaltung eingreifen, sind die Gemeinden einzuschalten. In der Frage, in welcher Weise die Arbeit der sozialen Versicherungsträger enger mit der der Gemeinden verbunden werden kann, weist die Bildung von Arbeitsgemeinschaften einen gangbaren Weg.

Das dritte Reformziel muß eine organische Eingliederung der Gemeinden in Land und Reich sein. Wird dieses Problem gelöst, so werden der Wiederherstellung der Selbstverantwortung und Ausdehnung des kommunalen Wirkungsgebietes keine Bedenken entgegengestellt werden können. Es wird dann unzweifelhaft sein, daß die Ausdehnung der Sphäre der kommunalen Selbstverwaltung keineswegs einen einheitlichen Reichswillen hindert, sondern daß die Selbstverwaltung dem Reich einen starken Unterbau gibt und damit auch seine politische Gewalt verstärkt. Ansätze für solche organische Verbindung der Selbstverwaltung mit Land und Reich sind bereits geschaffen. Es sei hier nur auf die Kreditausschüsse und die Vertretung der Selbstverwaltungsorgane in den zentralen Kredit- und Umschuldungsstellen und in sonstigen Beiräten verwiesen. Schritt für Schritt gilt es, in dieser Richtung vorwärts zu gehen und auch die Mitarbeit der kommunalen Selbstverwaltung an der zentralen Gesetzgebung und Verwaltung zu regeln. In der Vorkriegszeit sind zu diesem Zweck leitende Persönlichkeiten von Selbstverwaltungskörperschaften in die ersten Kammern der deutschen Gliedstaaten berufen worden. Solche Verbindungen können nicht länger entbehrt werden. Nur sie können die Gewähr bieten, daß die Reichsregierung mit den Anschauungen und Bedürfnissen der örtlichen Verwaltung ständig die notwendige Fühlung behält, und daß die Gemeinden die Reichsnotwendigkeiten richtig überschauen.

Es sind in der Tat grundlegende Entscheidungen, vor denen wir stehen. Die organische Eingliederung der Gemeinden in den Reichsaufbau, die Erhaltung der finanziellen Leistungsfähigkeit der Selbstverwaltung zur dauernden Erfüllung ihrer sozialen und kulturellen Aufgaben, die sichere Fundierung der öffentlichen Wirtschaft nach innen und außen und die Stärkung des Willens zur Selbstverantwortung, von dem das ganze Werk abhängt, — alle diese Aufgaben erfordern ganze Arbeit. Und sie verpflichten jeden zur Mitarbeit, der die Bedeutung der kommunalen Fragen erkannt hat.

Eingemeindungsrecht und Eingemeindungspolitik.

Von Dr. **Haekel,**
Geschäftsführendem Präsidenten des Reichsstädtebundes.

Das Eingemeindungsrecht hat in Preußen und in den übrigen deutschen Ländern bis in die neueste Zeit nur eine lückenhafte gesetzliche Regelung gefunden. Wissenschaft und Rechtsprechung blieb es vorbehalten, Begriff und juristische Natur der Eingemeindung, Wesen der Eingemeindungsverträge und Rechtswirkungen der Eingemeindung festzustellen. Grundlegend für den Begriff der Eingemeindung ist der Grundsatz, daß eine kommunale Gebietsveränderung nicht durch Vertrag der Beteiligten oder durch einen Gesamtakt, sondern nur durch einen Staatsakt geschaffen werden kann. Dies folgt schon daraus, daß die vom Staate abgeleitete öffentliche Gewalt der Gemeinden sich nur auf diejenigen Gebietsteile erstrecken kann, für die sie der Staat verleiht (Peters, Grenzen der kommunalen Selbstverwaltung, S. 102, OVG. Band 25 S. 158, Band 37 S. 405, Reichsgericht in Preußischem Verwaltungsblatt Band 29 S. 666). Vertragliche Vereinbarungen öffentlich-rechtlicher Natur zwischen den Beteiligten können diesem Staatsakt vorausgehen oder neben ihm herlaufen, aber sie erlangen erst durch den staatlichen Hoheitsakt und im Rahmen desselben rechtliche Wirkungen. Auch wenn das Gesetz von einer Genehmigung gemeindlicher Eingemeindungsbeschlüsse spricht, hat die staatliche Genehmigung nicht den Rechtscharakter einer Bestätigung, sondern rechtsbegründende Wirkung. Daraus ergibt sich folgende Begriffsbestimmung: Eingemeindung ist eine kommunale Gebietsveränderung durch einen organisatorischen konstitutiven staatlichen Hoheitsakt. Zu unterscheiden sind drei Möglichkeiten:

1. Die Eingemeindung kommunal-freier Grundstücke in eine Gemeinde,

2. die Eingliederung einer Gemeinde oder eines Gebietsteiles in eine andere Gemeinde,
3. der Zusammenschluß mehrerer bisher selbständiger Gemeinden zu einer neuen Gemeinde.

Nach Allgemeinem Landrecht (II 8) galt das Stadtrecht in der Regel nicht für die Vorstädte, wenn sie auch wirtschaftlich zur Stadt gehörten. Dagegen bestimmte schon die Steinsche Städteordnung von 1808 (§ 3), daß das Stadtrecht sich auch auf die Vorstädte erstreckt, und die revidierte Preußische Städteordnung von 1831 gab den Städten die Möglichkeit, durch staatliche Anordnung sämtliche Grundstücke und Enklaven, die bisher nicht zum Stadtbezirk gehörten, nach Anhörung der Beteiligten mit jenem zu vereinigen. Diese Vorschrift wurde durch einen Ministerial-Erlaß vom 21. 4. 1831 auf ländliche Gemeinden ausgedehnt, die in der Nähe der Städte lagen. Die Einführung der noch heute für die östlichen Provinzen geltenden Städteordnung von 1853 hat die bislang bestehenden Gemeindebezirke in ihrem rechtlichen Bestande unverändert gelassen (vgl. § 2 Abs. 1), ebenso die Landgemeindeordnung von 1891 (vgl. § 2 Abs. 1) die bestehenden Landgemeinden in der ihnen rechtlich zukommenden Begrenzung.

Im übrigen bestimmte die Städteordnung von 1853 und die Landgemeindeordnung von 1891 für die östlichen Provinzen folgendes:

1. Bezüglich der Eingemeindung kommunal-freier Grundstücke:

Grundstücke, welche bisher noch keinem Gemeinde- oder Gutsbezirk angehören, können nach Vernehmung der Beteiligten und nach Anhörung des Kreistages durch Beschluß des Bezirksausschusses bzw. Beschwerdebeschluß des Provinzialrats (§ 8 Abs. 1 des Zuständigkeitsgesetzes vom 1. August 1883 und § 121 LVG.) mit einem Stadtbezirk vereinigt werden oder sind, sofern ihre Eingemeindung in einen Stadtbezirk nicht geeignet erscheint, nach Vernehmung der Beteiligten durch Beschluß des Kreisausschusses mit einer Landgemeinde oder einem Gutsbezirk zu vereinigen. Diese Bestimmungen sind noch heute in Kraft.

2. Die Eingemeindung einer ganzen Landgemeinde oder eines Gutsbezirkes erfordert nach § 2 der Städteordnung von 1853 und dem den § 2 StO. abändernden § 2 der Landgemeinde-

ordnung von 1891 nach Anhörung der Beteiligten und des Kreisausschusses eine Königliche Genehmigung und nach Inkrafttreten der preußischen Verfassung von 1919 (Art. 82 Abs. 1) eine Genehmigung des Staatsministeriums. Gesetzliche Voraussetzung ist das Einverständnis der Beteiligten. Mangelndes Einverständnis der Beteiligten muß im Beschlußverfahren ersetzt werden, sofern das öffentliche Interesse dies erheischt.

3. Zur Eingliederung eines Landgemeinde- oder Gutsbezirkteiles in einen anderen Landgemeinde- oder Gutsbezirk genügt ein Beschluß des Kreisausschusses (vgl. § 25 Abs. 1 Zust. Ges.) und zur Eingliederung eines Landgemeinde- oder Gutsbezirkteiles in einen Stadtbezirk oder zur Eingliederung eines Stadtteiles in eine Landgemeinde oder einen Gutsbezirk ein Beschluß des Bezirksausschusses (vgl. § 8 Abs. 1 Zust.-Ges.) nach erfordertem Gutachten des Kreistages. Der Beschluß des Kreis- bzw. Bezirksausschusses setzt aber ebenfalls ein Einverständnis der Beteiligten oder bei Widerspruch eines Beteiligten ein öffentliches Interesse voraus. Ein solches ist sowohl bei der Eingemeindung einer ganzen Gemeinde wie eines Gemeindeteiles nach § 2 Ziffer 5 der Landgemeindeordnung gegen den Willen der Beteiligten nur dann als vorliegend anzusehen,

a) wenn Landgemeinden oder Gutsbezirke ihre öffentlich-rechtlichen Verpflichtungen zu erfüllen außerstande sind,
b) wenn die Zersplitterung eines Gutsbezirkes eine vollständige oder teilweise Angliederung an eine andere Gemeinde notwendig macht, oder
c) wenn infolge örtlich verbundener Lage mehrerer Gemeinden oder Gemeindeteile ein erheblicher Widerstreit kommunaler Interessen entstanden ist, dessen Ausgleichung auch durch Bildung eines Zweckverbandes nicht zu erreichen ist,
d) wenn die Rücksicht auf das Wohnungsbedürfnis die Eingemeindung oder Umgemeindung erheischt (nach Artikel 3 des Gesetzes vom 28. März 1918 — Pr. Ges. Sammlg. S. 23).

Gegen den Beschluß des Bezirksausschusses ist nach § 2 Ziffer 3 und 4 LGO. den Beteiligten und bei Vorliegen eines öffentlichen Interesses auch dem Vorsitzenden des Bezirksausschusses das Recht der Beschwerde an den Provinzialrat und gegen den Beschluß des Provinzialrats dem Oberpräsidenten bei Gefährdung des öffentlichen Interesses das Recht weiterer Beschwerde an das Staatsministerium gegeben.

Besonders bemerkenswert ist, daß der Landkreis in dem Eingemeindungsverfahren nach den genannten Bestimmungen nicht als Beteiligter galt. Seine Zustimmung war daher nicht erforderlich. Er hatte auch kein Beschwerderecht gegen den Beschluß des Bezirksausschusses.

Über die Sonderbestimmungen für Eingemeindungen in Rheinprovinz, Hessen-Nassau, Westfalen und Hannover vergleiche die tabellarische Übersicht bei Peters, Grenzen der kommunalen Selbstverwaltung S. 90—93.

Die Abänderung der Amtsbezirke erfolgt durch den Minister des Innern im Einvernehmen mit dem Bezirksausschuß nach vorheriger Anhörung der Beteiligten und des Kreistages (RhKrO. § 22, RhGO. § 9). Ein Rechtsmittel ist den Beteiligten gegen den Beschluß des Bezirksausschusses nicht gegeben; doch kann der Minister nur im Einvernehmen mit dem Bezirksausschuß die Änderungen des Amtsbezirks vornehmen (Odenbreit, Verfassung der Rh.-W. Landgemeinden S. 248; Dierkes, Kommentar der GemO. für die Rheinprovinz S. 26).

Eine besondere Bedeutung für die Eingemeindungen gewann § 3 der Kreisordnung für die östlichen Provinzen, welcher bestimmte:

»Die Veränderung bestehender Kreisgrenzen und die Bildung neuer sowie die Zusammenlegung mehrerer Kreise erfolgt durch Gesetz (Abs. 1). Veränderungen solcher Gemeindegrenzen, welche zugleich Kreisgrenzen sind, ziehen die Veränderung der betreffenden Kreisgrenzen ohne weiteres (d. h. ohne Gesetz) nach sich (Abs. 3).«

Diese Gesetzesvorschrift wurde verschieden ausgelegt. Die herrschende Auffassung verlangte nach § 3 Abs. 1 a. a. O. für jede Eingemeindung einer ganzen Gemeinde aus einem Kreise in einen anderen Stadt- oder Landkreis ein Gesetz, eine zweite Auffassung hielt dagegen ein Gesetz nur bei Eingemeindung einer ganzen Gemeinde in einen Stadtkreis für erforderlich (Leidig und Oertel) und eine dritte Auffassung hielt ein Gesetz nur dann für geboten, wenn eine Veränderung der Kreisgrenzen ohne unmittelbare Veränderung der Gemeindegrenzen gewollt war (Nöll, im Preußischen Verwaltungsblatt Band 21 S. 336 und Peters S. 95—98). Die Preußische Regierung hat in fast ständiger Verwaltungspraxis für die Eingemeindung einer ganzen Gemeinde aus einem Kreise in einen anderen Stadt- oder Landkreis die Form des Gesetzes gewählt, einmal aus dem praktischen Gesichtspunkt, um auch für die von der Städteordnung oder anderen Gesetzen abweichenden Vereinbarungen der Eingemeindungsverträge eine zweifelsfreie Rechtsgrundlage zu schaffen, vor allem aber aus parlamentarischen Rücksichten.

Über die Vereinigung mehrerer Städte fehlte eine gesetzliche Regelung sowohl in der Städteordnung für die östlichen Provinzen wie auch in der Städteordnung für Westfalen und Schleswig-Holstein. Deshalb war für diesen Fall in den genannten Geltungsgebieten stets die Form eines Gesetzes notwendig. Dagegen konnte in der Rheinprovinz nach § 2 Absatz 2 der Rheinischen Städteordnung die Vereinigung mehrerer Städte mit Genehmigung des Staatsministeriums erfolgen, ebenso im Gebiete der Hessen-Nassauischen Städteordnung (vgl. § 2 Absatz 2 der Hessen-Nassauischen Städteordnung in Verbindung mit § 2 der dortigen Landgemeindeordnung).

Die Behandlung der vor das Parlament gebrachten Einzelfälle war von der grundsätzlichen Einstellung des Parlaments zu dem Eingemeindungsproblem abhängig. Im Preußischen Abgeordnetenhaus überwog die Auffassung, daß man der Erweiterung der Städte nicht auf Kosten des Landes Vorschub leisten solle. Aus diesem Grunde kam es in der Praxis meist nur dann zu einer Gesetzesvorlage an den Landtag, wenn nicht nur die nach dem Gesetz beteiligten Gemeinden, sondern auch die durch die Eingemeindung betroffenen Landkreise ihre Zustimmung erteilt hatten. Dies geschah naturgemäß erst dann, wenn der einzugemeindende Ort und der Landkreis sich mit der eingemeindenden Stadt vorher geeinigt hatten über die Vermögensauseinandersetzung und über steuerliche und anderweitige Begünstigungen. Üblich war insbesondere die Forderung an die einzugemeindende Stadt auf Beschaffung von städtischen Einrichtungen und auf Entschädigung an den Landkreis für die verlorene Steuerkraft. So kam es in der Praxis oft dazu, daß bei Landgemeinden, die in der Nähe verschiedener größerer Städte lagen, diejenigen Städte die Eingemeindung vollziehen konnten, die bezüglich der genannten Vergünstigungen das Meistgebot abzugeben vermochten (vgl. Hasse, im Handwörterbuch der Kommunalwissenschaften S. 575 f.). Das Verfahren wurde ferner dadurch erschwert, daß auf Grund einer Entschließung des Abgeordnetenhauses in einem Ministerialerlaß vom 4. April 1910 (MinBl. i. Verw. S. 78) bei allen Eingemeindungssachen »von erheblicher Bedeutung« auch die Anhörung des Provinziallandtags gefordert wurde. Von einschneidender praktischer Bedeutung blieb aber, daß der Landtag als Gesetzgeber das Recht der endgültigen Entscheidung besaß, ob die Eingemeindung berechtigt war oder nicht. Er war dabei weder von der Stellungnahme der behördlichen Zwischeninstanzen noch von dem Willen der beteiligten Gemeinden und Gemeindeverbände abhängig. Auf Grund seiner grundsätzlichen Einstellung verlangte er in der Regel den Nachweis, daß die Eingemeindung im Einzelfalle nicht zu umgehen sei.

Eine Sondernorm galt für die Auskreisung kreisangehöriger Städte. Diese hatten nach § 4 der Kreisordnung von 1872 bei Erreichung einer Einwohnerzahl von mindestens 25000 Seelen (in Westfalen 30000, im Rheinland 40000 Seelen) einen gesetzlichen Anspruch darauf, daß der Minister des Innern sie auf ihren Antrag aus dem Landkreisverbande ausschied und zu einem selbständigen Stadtkreis erklärte. Diese Bestimmung erfuhr eine Erweiterung durch die Novelle vom 19. März 1881, nach welcher durch Verordnung des Staatsministeriums nach Anhörung des Provinziallandtags auch Städten mit weniger Einwohnern auf Grund besonderer Verhältnisse das Ausscheiden aus dem bisherigen und die Bildung eines eigenen Kreisverbandes gestattet werden konnte, um der geschichtlichen oder kulturgeschichtlichen Bedeutung einzelner Städte Rechnung zu tragen.

Eine Änderung und Ergänzung dieser verstreuten und lückenhaften Eingemeindungsnormen bezweckte der erste Regierungsentwurf einer neuen Städte- und Landgemeindeordnung vom Jahre 1922. Er unterschied drei Fälle der Eingemeindung: Volleingemeindung, Teileingemeindung und Schaffung einer selbständigen Gemeinde durch Abtrennung. Für alle drei Fälle waren wesentliche Erleichterungen vorgesehen. Von der strengen Form eines Gesetzes sollte in jedem Falle abgesehen werden. Auch von der Aufzählung enger gesetzlicher Merkmale des öffentlichen Interesses wurde Abstand genommen. Entscheiden sollte lediglich der nach freiem Ermessen zu beurteilende Gesichtspunkt des Gemeinwohls. Für die Volleingemeindung und die Schaffung einer selbständigen Gemeinde durch Abtrennung verlangte der Regierungsentwurf einen Beschluß des Staatsministeriums. Bei der Volleingemeindung blieb die Zustimmung der beteiligten Gemeinden Voraussetzung, jedoch konnte die Zustimmung einer beteiligten Gemeinde im Beschlußverfahren durch Bezirksausschuß (Provinzialrat, Staatsministerium) ersetzt werden. Dies mußte erfolgen, wenn die Vereinigung aus Gründen des Gemeinwohls, insbesondere zur Beseitigung leistungsunfähiger Gemeinden geboten war. Für eine Teileingemeindung sollte ein Beschluß der Beschlußbehörde genügen und zwar nach freiem Ermessen, also auch bei mangelndem Einverständnis der Beteiligten. Nur ein Beschwerderecht der Beteiligten und des Vorsitzenden der Beschlußbehörde aus Gründen des Gemeinwohls war gegen den Beschluß der Beschlußbehörde zugelassen.

Bei der Beratung des Regierungsentwurfs beschloß der Preußische Landtag die Voll- und Teileingemeindung einander gleichzustellen. Eine unterschiedliche Behandlung wurde nur für notwendig erachtet für den Fall des Einverständnisses und des Nichteinverständnisses der beteiligten Gemeinden. Bei Einverständnis sollte der Beschluß der Beschlußbehörde ausreichen, während bei Nichteinverständnis ein Gesetz verlangt wurde. Diese Beschlüsse wurden aber mit der Auflösung des Landtags im Jahre 1924 zu Grabe getragen. Bei der Neuberatung des Entwurfs durch den neuen Landtag ergab sich eine grundsätzliche Änderung der Auffassung. Da jedoch auch diese Beratung der Entwürfe einer einheitlichen Städteordnung und Landgemeindeordnung zu keiner Annahme der Gesetzentwürfe führte, wurden die neuen Beschlüsse in ein besonderes »Gesetz über die Regelung verschiedener Punkte des Gemeindeverfassungsrechts« vom 27. Dezember 1927 (Preuß. Gesetzsammlung S. 211) aufgenommen. Dieses Gesetz bildet die Grundlage des gegenwärtigen Eingemeindungsrechts. Es normiert in § 1 die verschiedenen Formen des staatlichen Eingemeindungsakts je nach der Art des Eingemeindungsfalles und verlangt

1. ein Gesetz, wenn die Grenzen eines Stadtkreises oder Landkreises verändert werden,
2. einen Beschluß des Staatsministeriums, wenn eine Gemeinde ganz aufgelöst oder eine neue Gemeinde geschaffen wird, und
3. einen Beschluß der Beschlußbehörde in allen übrigen Fällen.

Alleinige materielle Voraussetzung der Eingemeindung ist das »öffentliche Wohl« ohne nähere gesetzliche Begriffsbestimmung. Dagegen ist das Einverständnis der Beteiligten nicht mehr erforderlich.

Hieraus ergaben sich für die Praxis folgende Möglichkeiten:

1. Wenn ein Stadtkreis eine andere Stadt oder eine Landgemeinde ganz oder teilweise eingemeinden will, so ist stets ein Gesetz erforderlich, weil sich dadurch die Grenzen des Stadtkreises ändern.
2. Wenn eine kreisangehörige Stadt oder eine Landgemeinde eine andere Stadt oder Landgemeinde außerhalb des Landkreises ganz oder teilweise eingemeinden will, so ist ebenfalls ein Gesetz notwendig, weil dadurch die Grenzen des Landkreises verändert werden.
3. Wenn eine kreisangehörige Stadt oder Landgemeinde eine ganze Stadt oder Landgemeinde innerhalb des Landkreises eingemeinden will, so entscheidet das Staatsministerium, weil keine Änderung der Kreisgrenzen stattfindet, aber eine Gemeinde ganz aufgelöst werden soll.
4. Dagegen genügt für die Eingemeindung eines Gemeindeteils innerhalb des Landkreises der Beschluß der Beschlußbehörde, weil weder die Landkreisgrenzen verändert werden, noch eine Gemeinde ganz aufgelöst wird.
5. Wenn durch Abtrennung eines Gemeindeteils eine neue Gemeinde gebildet wird, entscheidet das Staatsministerium kraft besonderer gesetzlicher Bestimmung.
6. Wenn eine kreisangehörige Stadt einen selbständigen Stadtkreis bilden will, ist ein Gesetz erforderlich. § 50 des Einführungsgesetzes zu dem Gesetz über die kommunale Neugliederung des rheinisch-westfälischen Industriegebietes vom 29. Juli 1929 (Gesetzsammlung S. 137) hat den § 4 der Kreisordnung über die östlichen Provinzen und die entsprechenden Vorschriften der übrigen Kreisordnungen aufgehoben. Hiernach bedarf es also eines Gesetzes in jedem Fall eines Ausscheidens aus dem Kreise und nicht nur in dem in § 1 Abs. 1 Z. 1 des Gesetzes vom 27. Dezember 1927 angeführten Fall, daß die Stadt durch Erweiterung des Stadtgebietes die für das Ausscheiden maßgebende Einwohnerzahl erreicht hat.

Entscheidend ist also gegenwärtig für das Ausscheiden einer kreisangehörigen Stadt aus dem Landkreise nicht mehr die Erreichung einer bestimmten Einwohnerzahl, sondern wie in allen Fällen des § 1 Abs. 1 Z. 1 des Gesetzes vom 27. Dezember 1927 das öffentliche Wohl, worüber das Parlament durch Gesetz entscheidet.

Die Verfassungsmäßigkeit des Gesetzes vom 27. Dezember 1927 wurde bestritten und ein Verfahren vor dem Staatsgerichtshof anhängig gemacht unter Berufung auf Artikel 127 der Reichsverfassung, wonach den Gemeinden und Gemeindeverbänden das Recht der Selbstverwaltung zusteht. Der Staatsgerichtshof hat festgestellt, daß der Landesgesetzgeber dieses Recht nicht aufheben und die Verwaltung der Gemeindeangelegenheiten nicht auf Staatsbehörden übertragen, auch die Selbstverwaltung nicht derartig einschränken dürfe, daß sie innerlich ausgehöhlt werde und nur noch ein Scheindasein führe. Nicht aber sei aus Artikel 127 der Reichsverfassung herzuleiten, daß er den Gemeinden die Selbstverwaltungsrechte in ihren Einzelheiten verbürge oder einen Schutz der konkreten Selbstverwaltung gewährleiste, sondern der Gesetzgebung verbleibe die Gliederung des Gemeindegebietes in allen ihren Beziehungen.

Nach § 15 Abs. 2 des Gesetzes vom 27. Dezember 1927 treten mit dem Tage seines Inkrafttretens die entgegenstehenden Bestimmungen der Gemeindeverfassungsgesetze außer Kraft. Es kann hiernach zweifelhaft sein, inwieweit die Bestimmungen des § 2 der Landgemeindeordnung durch das neue Gesetz aufgehoben werden. Nach herrschender Ansicht bleiben die Bestimmungen des § 2 Ziffer 1 LGO. über die Eingemeindung kommunal-freier Grundstücke aufrecht erhalten. Auch § 2 Ziffer 2 LGO. steht dem § 1 Abs. 1 Ziffer 1 des Gesetzes nicht entgegen. Hieraus ergibt sich, daß das Staatsministerium bei Auflösung einer Gemeinde nach § 1 des Gesetzes von 1927 die neuen Grenzen selbst festsetzen kann oder bei Auflösung einer Gemeinde wegen Leistungsunfähigkeit nach § 2 Ziffer 2 i. V. mit Ziffer 1 LGO. das Weitere dem Kreisausschuß überlassen kann (Brauchitsch-Drews, Verwaltungsgesetze für Preußen Band VII Anm. 2 letzter Satz zu § 2 LGO.). Die weiteren Bestimmungen in Ziffer 3, 4 und 5 a—c des § 2 LGO. sind durch den Absatz 1 des § 1 des Gesetzes vom 27. Dezember 1927 überholt, jedoch können die Bestimmungen in Ziffer 5 des § 2 LGO. für die Auslegung des »öffentlichen Wohls« im Sinne des § 1 des Gesetzes von 1927 von Wert sein (vgl. Brauchitsch—Drews a. a. O. Anm. 4). Aufrecht erhalten bleibt die durch Artikel 3 § 1 des Wohnungsgesetzes vom 28. 3. 1918 neu geschaffene Ziffer 5d des § 2 LGO. über die Eingemeindung oder Umgemeindung zur Befriedigung eines dringlichen Wohnungsbedürfnisses und Ziffer 7 des § 2 LGO., wonach jede Bezirksveränderung durch das Regierungsamtsblatt zu veröffentlichen ist, weil beide Bestimmungen dem Gesetz von 1927 nicht entgegenstehen. Im übrigen ist die Rechtswirksamkeit der Eingemeindung von der öffentlichen Bekanntmachung unabhängig (OVG. Band 62 S. 308). Sie wird begründet bei Eingemeindungen durch Gesetz mit dessen Inkrafttreten und bei Eingemeindungen durch Staatsministerialbeschluß mit Zustellung des Beschlusses an die Beteiligten, falls sich nicht aus dem Gesetz oder dem Staatsministerialbeschluß anderes ergibt (Entsch. d. OVG. Band 62 S. 308), während eine Eingemeindung durch Beschluß der Beschlußbehörde mit dem Zeitpunkt der Unanfechtbarkeit des Beschlusses rechtswirksam wird.

Ist diese gesetzliche Neuregelung des Eingemeindungsrechts vom kommunalen Standpunkte aus zu begrüßen? Völlige Einmütigkeit ist in der Beurteilung des Eingemeindungsproblems auf kommunaler Seite nicht zu erwarten, weil die großen Städte, die fast ausschließlich als Eingemeindungssubjekte in Frage kommen, jede Erleichterung der Eingemeindungen begrüßen, während die kleineren Landgemeinden, die fast ausschließlich als Eingemeindungsobjekte in Frage kommen, sich grundsätzlich für eine Erschwerung der Eingemeindung einsetzen. Zwischen beiden Gruppen stehen die mittleren und kleinen Städte und größeren Landgemeinden, die, sofern sie von größeren Städten entfernt sind, nur als Eingemeindungssubjekte, dagegen, soweit sie in der Nähe größerer Städte liegen, auch als Eingemeindungsobjekte in Betracht kommen. Diese werden daher das Problem von ihrem Interessenstandpunkte aus verschieden beurteilen. Einigkeit besteht aber bei allen Gemeinden darüber, daß die Fälle des Einverständnisses und des Nichteinverständnisses der beteiligten Gemeinden verschieden behandelt werden müßten. Es ist nicht einzusehen, warum für den Fall des Einverständnisses der Beteiligten der langsame Weg der Gesetzgebung und die Belästigung des Landesparlaments notwendig ist, vielmehr müßte in diesem Falle das Verfahren so einfach wie möglich gestaltet und nach Kräften beschleunigt werden. Über die weitere Frage, ob für die Eingemeindung ein Gesetz oder ein Beschluß des Staatsministeriums zweckmäßiger erscheint, kann man verschiedener Auffassung sein. Die eingemeindungsfreudigen Kommunen werden diejenige Entscheidungsstelle vorziehen, von der sie erwarten, daß sie ihren Eingemeindungsbestrebungen das größere Verständnis entgegenbringt, während diejenigen Gemeinden, die sich in Gefahr befinden, von ihrem größeren Nachbarn verschluckt zu werden, derjenigen Instanz den Vorzug geben, von der sie einen Widerstand gegen Eingemeindungen erhoffen. Ob aber im Parlament oder im Staatsministerium der eine oder andere grundsätzliche Standpunkt überwiegt, läßt sich überhaupt nicht feststellen, zumal beide Stellen in ihrer Zusammensetzung das irdische Los der Vergänglichkeit teilen. Theoretisch betrachtet, ist die Eingemeindung ihrer Natur nach ein Verwaltungsakt, der nach den Grundsätzen der Zweckmäßigkeit und unter Anwendung allgemeiner Grundsätze auf den besonderen Fall entschieden werden muß. Dies ist aber nicht die Aufgabe der Gesetzgebung, sondern der Verwaltung (Peters, S. 99 f.). Vom praktischen Standpunkt aus gesehen wird aber die Durchsetzung einer notwendigen Eingemeindung und die Verhinderung einer übereilten und unzweckmäßigen Eingemeindung im Parlament in gleicher Weise wie im Staatsministerium möglich sein.

Zu begrüßen ist, daß das neue Gesetz die entscheidenden Stellen nicht an bestimmte gesetzliche Merkmale des öffentlichen Wohles bindet, wie die frühere Gesetzgebung, sondern eine freie Würdigung aller in Betracht kommenden Umstände zuläßt, obwohl das Bedenken nicht von der Hand zu weisen ist, daß das freie Ermessen über die von dem Gesetz verlangten »Gründe des öffentlichen Wohles« auch Raum läßt für eine starke Berücksichtigung rein politischer Interessen, was mit dem ideellen Begriff des öffentlichen Wohles kaum in Einklang zu bringen ist. Diese Gefahr hat sich bei den großen Umgemeindungen im rheinisch-westfälischen Industriegebiet mit erschreckender Deutlichkeit gezeigt.

Von besonderer Bedeutung ist für die Eingemeindung das Erfordernis der vorherigen Anhörung der Beteiligten. Nach dem bisherigen Eingemeindungsrecht setzte die Eingemeindung einen Beschluß der beteiligten Gemeinden und eine Anhörung des Kreisausschusses, ferner bei Teileingemeindungen durch Beschluß des Bezirksausschusses ein Gutachten des Kreistages und bei Eingemeindungen in erheblichen Fällen ein Gutachten des Provinziallandtages voraus. Nach dem neuen Gesetz von 1927 ist in erster Linie eine Anhörung der Vertretungskörperschaften der beteiligten Gemeinden, also nicht ein formeller Zustimmungsbeschluß der Gemeindekörperschaften erforderlich. Interessant ist, daß der Landtag im Laufe der Beratungen sogar geneigt war, einen Gemeindebeschluß mit $^2/_3$ Mehrheit zu verlangen und daneben ein Bürgerschafts-Begehren und einen Bürgerschafts-Entscheid gegen den Gemeindebeschluß zuzulassen. Beide Bestimmungen sind aber nicht Gesetz geworden. Wenn auch zugegeben werden muß, daß die Frage der Eingemeindung für alle Gemeindebürger von Bedeutung sien kann, so handelt es sich doch um eine so schwerwiegende Frage, daß ihre Entscheidung nur der ruhigen und sachlichen Beurteilung der beteiligten Gemeindevertretungen und -verwaltungen überlassen bleiben muß und nicht der politischen Agitation einer Volksabstimmung preisgegeben werden darf.

Neben Anhörung der beteiligten Gemeindekörperschaften verlangt das neue Gesetz auch eine Anhörung der beteiligten Kreisausschüsse und im Falle einer Änderung der Provinzialgrenzen auch der beteiligten Provinzialausschüsse. Dagegen ist ein Gutachten des Kreistages und Provinziallandtages in keinem Falle notwendig. Die bloße Anhörung bedeutet nicht eine Zustimmung, an die die entscheidende Stelle gebunden ist, sondern lediglich eine gutachtliche Meinungsäußerung, die für die Entscheidung zwar von Bedeutung, aber nicht ausschlaggebend ist. Gegen diese Bestimmungen werden vom kommunalen Standpunkte aus begründete Einwendungen nicht erhoben werden können.

Bedenklich sind jedoch zwei Bestimmungen, die schon in den Regierungsentwurf eingeschoben waren und die auch in § 1 Abs. 4 und 5 des Gesetzes vom 27. Dezember 1927 aufgenommen worden sind:

1. Bei Eingemeindungsverhandlungen mit kreisangehörigen Gemeinden ist die Kreisverwaltung von vornherein zu beteiligen.
2. Kreisangehörige Städte dürfen über die Vereinigung der Stadt oder von Teilen der Stadt mit anderen Gemeinden oder Gemeindeteilen, insbesondere über den Abschluß von Eingemeindungsverträgen erst Beschluß fassen, nachdem der Kreisverwaltung Gelegenheit zur Stellungnahme gegeben ist.

Die genannten Bestimmungen richten sich nicht nur gegen die kreisangehörigen Städte, sondern auch (zu 1) gegen Stadtkreise, die kreisangehörige Gemeinden eingemeinden wollen. Sie widersprechen dem Grundsatz der Selbstverwaltung der kreisangehörigen Gemeinden, die in der Wahrnehmung ihrer eigenen Interessen nicht durch die Interessen des Landkreises behindert werden dürfen, zumal den berechtigten Belangen der Landkreise dadurch ausreichend Rechnung getragen wird, daß die beteiligten Kreisausschüsse vor der Eingemeindung gehört werden müssen. Eine Stellungnahme der Kreisverwaltung vor dem Beschluß der beteiligten kreisangehörigen Stadt und der Zwang, die Kreisverwaltung von vornherein an den Eingemeindungsverhandlungen zu beteiligen, schafft eine Aufsicht des Kreises über die kreisangehörigen Gemeinden, die von den kreisangehörigen Städten als unbegründet abgelehnt wird. Außerdem ist ein solches Verfahren nach den bisherigen Erfahrungen nur geeignet, die Eingemeindungsverhandlungen unnötig zu verzögern, zu erschweren und in vielen Fällen sogar die Eingemeindung unmöglich zu machen.

Während die durch Gesetz und Beschluß des Staatsministeriums ausgesprochene Eingemeindung einen endgültigen staatlichen Hoheitsakt darstellt, bleibt der Beschluß der Beschlußbehörde anfechtbar durch die Beteiligten (§ 121 LVG.) und aus Gründen des gemeinen Wohles nach Maßgabe des § 123 LVG. auch durch den Vorsitzenden der Beschlußbehörde. Gegen den Beschluß der Beschlußbehörde zweiter Instanz steht die weitere Beschwerde an das Staatsministerium lediglich dem Vorsitzenden dieser Behörde zu und nicht den Beteiligten (§ 1 Abs. 3 des Gesetzes vom 27. Dezember 1927).

Die Rechtswirkungen des staatlichen Hoheitsaktes sind folgende:

Mit dem in dem staatlichen Hoheitsakte genannten Zeitpunkte werden die beteiligten Gemeinden zu einer einzigen Gemeinde vereinigt. Veränderungen der Gemeindegrenzen, die zugleich Grenzen eines Amtsbezirks, Regierungsbezirks oder einer Provinz, eines Amtsgerichtsbezirks, Bezirksfürsorgeverbandes oder Schulverbandes sind, ziehen ohne weiteres auch die Veränderung dieser Bezirksgrenzen nach sich.

Mit dem in dem staatlichen Hoheitsakt bezeichneten Zeitpunkt tritt bei der Eingliederung die erweiterte Gemeinde und bei der Zusammenlegung die aus mehreren Gemeinden neugebildete Gemeinde unter eine einheitliche Verwaltung. Alle Einwohner des erweiterten bzw. neuen Gemeindebezirks werden bezüglich ihrer Rechte und Pflichten, die mit der Gemeindeangehörigkeit verknüpft sind, sowie hinsichtlich der Benutzung der Gemeindeanstalten einander gleichgestellt. Eine frühere Dauer des Wohnsitzes oder Aufenthalts kommt daher für den Erwerb von Rechten in Anrechnung. Vermögen und Schulden, Vertragsrechte und -verpflichtungen der eingegliederten Gemeinde bzw. der zusammengeschlossenen Gemeinden wachsen im Wege der Rechtsnachfolge der vergrößerten bzw. neuen Gemeinde zu, während bei einer Teileingemeindung oder einer Eingemeindung eines kommunalfreien Grundstücks eine Rechtsnachfolge nicht in Frage kommt.

Die Beamten der durch Eingemeindung fortfallenden Gemeinden sind verpflichtet, sich in entsprechende Stellen der erweiterten oder neuen Gemeinde unter ihren bisherigen Gehaltsverhältnissen übernehmen zu lassen (Ministerial-Erlaß vom 4. April 1910 im MinBl. i. V. S. 78—81). In dem rheinisch-westfälischen Umgemeindungsgesetz von 1929 (Ges. Slg. S. 141) ist die Verpflichtung zur Übernahme eines Amtes in der erweiterten oder neuen Gemeinde davon abhängig gemacht, daß die Aufgaben, das Diensteinkommen und die Versorgung denen des bisherigen Amtes gleichwertig sind. Hierüber entscheidet erforderlichenfalls eine besondere Schiedsstelle.

Ob Ortsstatute, örtliche Observanzen und örtliche Polizeiverordnungen der eingemeindenden Stadt auf das Eingemeindungsgebiet Anwendung finden, ist strittig. Das OVG. nimmt dies in ständiger Rechtsprechung an (OVG. Bd. 37 S. 405, OVG. im Preuß. Verwaltungsblatt Bd. 27 S. 180, Bd. 32 S. 585 und Stier-Somlo, Handbuch I S. 178 ff.), während das Kammergericht es verneint (Jahrbuch Bd. 20 C 57, Bd. 27 C 49, Bd. 34 C 1). Ihm hat sich das Reichsgericht in der Entscheidung in Zivilsachen Bd. 28 S. 304 angeschlossen. Mit Rücksicht auf diese Meinungsverschiedenheiten der höchsten Gerichtshöfe wurde in der Praxis die Ausdehnung dieser Ordnungen in der Regel in die »Bedingungen« des Eingemeindungsgesetzes aufgenommen, die im Regierungsblatt veröffentlicht wurden. Nach richtiger Auffassung wird man unterscheiden müssen die Rechtswirkung einer Eingemeindung

1. auf das kommunale Ortsrecht und
2. auf das staatliche Recht.

Mit der Eingliederung einer Gemeinde oder eines Gemeindeteiles in eine andere Gemeinde tritt das kommunale Ortsrecht der einverleibenden Gemeinde auch für das eingemeindete Gebiet in Kraft, ohne daß es einer neuen Verkündigung bedarf. Dies gilt auch für die gemeindlichen Steuerordnungen (so auch Peters S. 108 gegen OVG. Bd. 64 S. 43 und gegen Stier-Somlo, Handbuch I S. 179). Ein Übergang des kommunalen Ortsrechts auf die eingemeindeten Teile unterbleibt nur insoweit, als es sich auf besondere Einrichtungen der einverleibenden Gemeinde bezieht. Dagegen bleibt das staatliche Recht, also auch das Polizeiverordnungsrecht, in jedem Gebietsteile bestehen bis zur Neuregelung durch die zuständige Stelle (Peters S. 107/108, Friedrichs, Polizeiverwaltungsrecht S. 85 ff.).

Bei einem Zusammenschluß mehrerer Gemeinden zu einer neuen Gemeinde muß mit dem Fortfall der vereinigten Gemeinden auch das kommunale Ortsrecht dieser Gemeinde seine Wirksamkeit verlieren, so daß also neues Ortsrecht erst für die neue Gemeinde geschaffen werden muß. Dagegen bleibt auch hier das staatliche Recht nach wie vor bestehen, weil es durch die Änderung der kommunalen Verhältnisse unberührt bleibt.

Durch Gesetz können aber Sonderbestimmungen getroffen werden. Zum Beispiel bestimmt das Einführungsgesetz zur Umgemeindung im rheinisch-westfälischen Gebiet von 1927 zur Klarstellung der Rechtsverhältnisse folgendes: »In den eingegliederten Gemeinden tritt das Ortsrecht der Gemeinden, in die sie eingegliedert werden, 6 Monate nach der Eingliederung in Kraft, falls nicht durch Gemeindebeschluß oder Ortssatzung etwas anderes bestimmt wird. Beim Zusammenschluß von Gemeinden bleibt das in jedem Gebietsteil bisher geltende Ortsrecht vorläufig in Kraft und tritt 6 Monate nach dem Zusammenschluß außer Kraft, sofern nicht etwa schon vor diesem Zeitpunkt das bisherige Ortsrecht durch neues Ortsrecht außer Kraft gesetzt wird. Mit der Eingliederung in einen neuen Kreis tritt das neue Kreisrecht sofort in Kraft. Ähnliches ist bestimmt für Polizeiverordnungen mit der Maßgabe, daß bei Eingliederungen das neue Polizeirecht sofort in Kraft tritt.«

Neben dem staatlichen Hoheitsakt können vertragliche Vereinbarungen zwischen den Beteiligten nebenher gehen und zwar vertragliche Vereinbarungen privat-rechtlicher Natur und öffentlich-rechtlicher Natur. Soweit aber die letzteren dem geltenden öffentlichen Recht widersprechen, erhalten sie erst durch die Aufnahme in das Eingemeindungsgesetz oder durch einen Hinweis des Gesetzes auf den Vertrag bindende Kraft als objektive Rechtsnorm (OVG. Bd. 62 S. 306). In der Praxis werden die von dem geltenden Rechte abweichenden Bestimmungen des Eingemeindungsvertrages als »Bedingungen der Vereinigung« dem Gesetz beigefügt und mit diesem veröffentlicht. Der Ministerialerlaß vom 4. April 1910 (MinBl. i. V. S. 78—81) bestimmt hierüber folgendes:

»Diejenigen Vereinbarungen, welche zwischen den beteiligten Gemeinden bisher in Form von Eingemeindungsverträgen getroffen worden sind, werden von Anbeginn der Eingemeindungsverhandlungen an in zwei Kategorien geteilt, je nachdem sie ihrer Natur und dem Wunsche der Beteiligten gemäß erzwingbar, d. h. rechtlich bindend, oder nur instruktionell, d. h. moralisch bindend sind. Diese Einteilung verfolgt den Zweck, den Beteiligten, insbesondere den einzugemeindenden Vororten, keinen Zweifel darüber zu lassen, daß nur die erstere Kategorie von Vereinbarungen bestimmt ist, Teil des Eingemeindungsgesetzes zu werden und damit die Kraft gesetzlicher Vorschriften zu erhalten. Diese Kategorie der Vereinbarungen wird daher in Zukunft die Bezeichnung »Bedingungen der Vereinigung« führen und auf Grund einer Ermächtigung des Eingemeindungsgesetzes im Regierungsamtsblatt veröffentlicht werden. Die zweite, nur instruktionelle Kategorie der Vereinbarungen, wird in Zukunft gleichfalls dem Landtage in der Begründung der Gesetzentwürfe vorzulegen, indessen von der amtlichen Veröffentlichung auszuschließen sein.

Als »Bedingungen der Vereinigung« im Sinne der erstgedachten Kategorie haben zu gelten:

1. Vorschriften, welche den Landesgesetzen, insbesondere den Städte-, Landgemeindeordnungen, dem Kommunalabgabengesetze, widersprechen, z. B. über Vertretung des einzugemeindenden Vororts in der Stadtverordnetenversammlung und über Mehr- oder Minderbelastungen beteiligter Gemeinden mit Gemeindeabgaben.

2. Vereinbarungen, die nach dem Willen der Beteiligten erzwingbar sein sollen, soweit sie öffentlich-rechtlicher Natur sind, z. B. Verpflichtungen zur Anlage von Kanalisationen, Wasserleitungen, Straßenbahnen, Wegen und anderen kommunalen Anstalten. Derartige Leistungen erhalten durch ihre Aufnahme in die als Teile des Gesetzes zu veröffentlichenden »Bedingungen« die

rechtliche Natur der der Gemeinde gesetzlich obliegenden Lasten, deren zwangsweise Eintragung in den Gemeindeetat im Falle der Weigerung freiwilliger Erfüllung zulässig ist.

3. Geldabfindungen von Beamten, Kreisen, Bürgermeistereien, Amtsverbänden sind nicht unter die »Bedingungen« aufzunehmen, weil sie ihrer Natur nach zivilrechtliche Verpflichtungen begründen.

Da die »Bedingungen der Vereinigung« Teile des Eingemeindungsgesetzes werden, kann ihre Abänderung oder Beseitigung nur im Wege des Gesetzes erfolgen. Eine derartige Folge entspricht indessen häufig weder der Natur der Sache noch dem Willen der Beteiligten. Darum ist in der Regel am Schlusse der »Bedingungen« eine Bestimmung darüber zu treffen, unter welchen Voraussetzungen und in welchen Formen die vorher festgesetzten Bedingungen abgeändert oder beseitigt werden können.

Zu den instruktionellen Vorschriften, die nicht Teile des Eingemeindungsgesetzes zu werden bestimmt sind, gehören solche Anregungen der Beteiligten, deren Berücksichtigung der Zuständigkeit von Staats- oder Reichsbehörden vorbehalten bleibt, z. B. Wünsche hinsichtlich der Einrichtung von Standesämtern, Märkten, der Errichtung von Bahnanlagen, Postanstalten usw. Im übrigen hat diese Kategorie von Vereinbarungen die Bestimmungen zu umfassen, die nach Absicht der Beteiligten oder nach der Natur der Sache die eingemeindende Stadt nicht rechtlich, sondern nur moralisch bilden sollen, auf deren Durchführung folgeweise der Aufsichtsbehörde ein Einfluß lediglich im Wege der Einwirkung zusteht. Auch für diese Art der Vereinbarungen empfiehlt es sich, die Voraussetzungen und Formen zu regeln, von denen ihre Abänderung oder Beseitigung abhängig gemacht werden soll.

Steuerbefreiungen oder Steuererleichterungen für die eingemeindeten Teile haben daher nur verbindliche Kraft, wenn die Vertragsbestimmungen in das Eingemeindungsgesetz aufgenommen sind oder wenn sie nachträglich durch Beschluß der zuständigen Gemeindeorgane festgelegt werden. Nach dem Sondergesetz vom 25. Februar 1920 betreffend steuerliche Vorrechte in eingemeindeten Ortsteilen darf aber die zwischen der steuerlichen Belastung der Steuerpflichtigen des eingemeindeten Ortsteiles und derjenigen der Hauptgemeinde am 1. April 1914 oder, falls die Eingemeindung später erfolgt ist, die am Tage des Inkrafttretens der Eingemeindung vorhanden gewesene Spannung nicht überschritten werden. Entgegenstehende Bestimmungen, insbesondere in Eingemeindungsgesetzen (Eingemeindungsverträgen), werden insoweit aufgehoben. Das Entsprechende gilt für die Erhebung von Gebühren oder Vergütungen, die vertragsmäßig für die Entnahme von Wasser, Gas oder elektrischen Strom festgesetzt sind.

Bezüglich der Vermögensauseinandersetzung zwischen den beteiligten Gemeinden und Kreisen hat das Preußische Gesetz vom 27. Dezember 1927 keine neuen allgemeinen Richtlinien aufgestellt. Es verbleibt daher bei den früheren gesetzlichen Bestimmungen, soweit nicht ein Eingemeindungsgesetz Sondervorschriften erläßt, wie z. B. das Umgemeindungsgesetz für Rheinland und Westfalen und das Gesetz vom 27. Dezember 1927 (Ges.-S. S. 211) über die Aufhebung der Gutsbezirke. Nach den bisherigen Bestimmungen hat der Bezirksausschuß über die Auseinandersetzung der Gemeinden und Kreise Beschluß zu fassen, wogegen die Beteiligten im Verwaltungsstreitverfahren Klage erheben können. Die Auseinandersetzung bezweckt einen billigen Ausgleich der öffentlich-rechtlichen Interessen der Beteiligten. Insbesondere können einzelne Beteiligte im Verhältnis zu anderen Beteiligten, die für gewisse kommunale Zwecke bereits vor der Vereinigung für sich allein Fürsorge getroffen haben, oder solche Beteiligte, die vorwiegend Lasten in die neue Gemeinschaft bringen, zu Vorausleistungen verpflichtet werden. Auch kann, wenn eine Gemeinde durch die Abtrennung eine Erleichterung in öffentlich-rechtlichen Verpflichtungen erfährt, der Gemeinde, welcher die Grundstücke einverleibt werden, eine Beihilfe zu den Ausgaben bis zur Höhe des der anderen Gemeinde dadurch entstehenden Vorteils zugebilligt werden.

Für die Auseinandersetzung der Kreise sind materielle Vorschriften nicht gegeben.

Die Auseinandersetzung hat nach erfolgter Eingemeindung zu geschehen. Gemäß den Entscheidungen des OVG. (OVG. Bd. 71 S. 113) ist Kreisen, Schulverbänden, Amtsbezirken bei Veränderung ihrer Grenzen ein gegenseitiger Rechtsanspruch auf Entschädigung grundsätzlich nicht gegeben; die entstehenden Streitigkeiten sind vielmehr nach Recht und Billigkeit in einem schiedsrichterlichen Verfahren zu entscheiden. Insbesondere kann eine im öffentlichen Interesse als Bedürfnis erkannte Veränderung, abgesehen von etwaigen besonderen Rechtstiteln, niemals zu einem Entschädigungsanspruche der verkleinerten Korporation wegen

Verminderung der Steuerkraft oder der vergrößerten wegen Vermehrung ihrer Bedürfnisse führen, weil die Grenzveränderung auf der Voraussetzung beruht, daß das bisherige rechtliche Verhältnis hinsichtlich der kommunalen Bedürfnisse und Pflichten ein unrichtiges war, das durch die Veränderung den realen Verhältnissen entsprechend berichtigt werden soll. Insbesondere hat das OVG. (Bd. 40, S. 21) grundsätzlich die Frage verneint, ob der vergrößerte Stadtkreis den verkleinerten Landkreis wegen der durch die Grenzveränderung verringerten Steuerkraft schadlos zu halten hat. Denn die Steuern, die in einem bestimmten Gebietsteil erhoben werden, dienen ihrem Wesen nach zur Befriedigung der Bedürfnisse desjenigen Verbandes, dem der Gebietsteil angehört. Wird dieser Teil einem anderen Verbande eingefügt, so hat er nunmehr zur Bestreitung der Bedürfnisse des letzteren und nicht mehr zur Bestreitung der Bedürfnisse des Verbandes beizutragen, dem er bisher angehörte. Nur in besonderen Fällen soll nach der Entscheidung des Oberverwaltungsgerichts die eingemeindende Stadt entschädigungspflichtig sein, wenn der Landkreis Schulden aufgenommen hat, die in besonderer Beziehung zu dem eingemeindeten Bezirk stehen, oder wenn es sich um die Erhaltung der Leistungsfähigkeit des Restkreises handelt. In solchen Fällen soll der Ausgleichfordernde dartun, daß der verkleinerte Bezirk nicht imstande ist, seine kommunalen Aufgaben zu erfüllen, während der vergrößerte eine Verstärkung der Steuerkraft erfahre, hinter der seine Aufwendungen für den eingemeindeten Bezirk in erheblichem Maße zurückbleiben.

Die 3. Ausführungsanweisung zu dem neuen Eingemeindungsgesetz vom 24. Januar 1929 (MBliV. S. 95 ff.) faßt unter Nr. 7 die Voraussetzungen, unter denen ein Ausgleich in Frage kommt, zusammen. Danach ist er nur möglich,

1. wenn der eine Teil durch die Gebietsänderung eine wesentliche Entlastung erfährt,
2. wenn dieser Teil leistungsfähig ist,
3. wenn der andere Teil durch die Gebietsänderung eine wesentliche Mehrbelastung erfährt,
4. wenn der andere Teil in seiner Leistungsfähigkeit beeinträchtigt wird,
5. wenn schließlich besondere Billigkeitsgründe einen Ausgleich auf einem der in § 3 Abs. 2 erwähnten Wege erfordern (vgl.

beispielsweise OVG. vom 29. November 1898 in: PrVBl. Bd. 20 S. 387; vom 8. Juni 1900 in: PrVBl. Bd. 22 S. 167; vom 24. Juni 1902 in: PrVBl. Bd. 24 S. 149; OVG. Bd. 29 S. 602; Bd. 33 S. 172; Bd. 36 S. 145; Bd. 41 S. 180; Bd. 53 S. 70).

Die Art der Ausgleichung ist in § 3 LGO. umschrieben. Danach kommen Kapitalzahlungen, laufende Renten, Überweisung von Vermögensstücken (werbenden Vermögen) in Frage (OVG. Bd. 26 S. 100; Bd. 33 S. 160). Hinsichtlich des Grundvermögens hat das OVG. den Standpunkt eingenommen, daß das Grundvermögen nur insoweit in die Auseinandersetzung einbezogen werden kann, als es bestimmt ist, als Erwerbsquelle zu dienen, während das Sondervermögen zur Erfüllung öffentlicher Zwecke, wie Chausseen, Kreishäuser, Sparkassen und ähnliche Einrichtungen ungeschmälert dem Restverbande verbleibt.

Die wichtige Frage, wie die Auseinandersetzungsverpflichtungen gesichert werden können, wurde bei den Beratungen der neuen Entwürfe einer Städteordnung und Landgemeindeordnung im Landtagsausschuß eingehend erörtert, weil in der Praxis Versprechungen der eingemeindenden Gemeinden von diesen später nicht gehalten worden sind. Es wurde vorgeschlagen, daß jeder Gemeindebürger, der 10 Jahre in der eingemeindeten Gemeinde seinen Wohnsitz hat, ein Beschwerderecht an die Aufsichtsbehörde erhält, um die Erfüllung dieser Verpflichtungen sicherzustellen. Man hat aber von einer solchen Regelung Abstand genommen, da die Aufsichtsbehörde das Recht und die Pflicht hat, die Ausführung der rechtskräftig festgelegten Verpflichtungen zu überwachen und gegebenenfalls im Wege der Zwangsetatisierung durchzuführen. Auch der Beschluß des Landtagsausschusses, daß die benachteiligten Gemeinden und Gemeindeverbände im Wege des Verwaltungsstreitverfahrens auf Erfüllung der Verpflichtungen klagen können, und daß bei Wegfall einer Gemeinde infolge Auflösung durch ausdrückliche Bestimmung bei der Auseinandersetzung festzusetzen ist, wer zur Geltendmachung der Rechte als Kläger für diese Gebiete und ihre Bevölkerung berufen ist, wurde nicht in das Gesetz aufgenommen. Es verbleibt daher bei einer Überwachung der Durchführung der Auseinandersetzung durch die Aufsichtsbehörde.

Eingehend geregelt ist das Auseinandersetzungsverfahren bei der großen Eingemeindung in Rheinland und Westfalen durch das Einführungsgesetz vom 29. Juli 1929 Teil I Abschnitt VI und zwar in der Hauptsache durch ein schiedsgerichtliches Verfahren, um unter Berücksichtigung aller in Betracht kommenden Umstände einen billigen Ausgleich zwischen den Beteiligten zu finden. Die Festsetzung der Schiedsgerichte begründet eine gesetzliche Verpflichtung der betroffenen Gemeinden, deren Erfüllung von den Aufsichtsbehörden zu überwachen und erforderlichenfalls mit den gesetzlichen Zwangsmitteln durchzusetzen ist.

Eingemeindung der Gutsbezirke.

Einer besonderen Behandlung bedarf die Eingemeindung der Gutsbezirke. Bei der Staatsumwälzung in Preußen wurde in der ersten Proklamation der Volksbeauftragten der Grundsatz aufgestellt: Die bestehenden Gutsbezirke sind aufzulösen. Bis zum Jahre 1927 zählte aber Preußen immer noch

3387 Gutsbezirke bis 50 Einwohner,
3163 Gutsbezirke 50 bis 100 Einwohner,
2235 Gutsbezirke 100 bis 150 Einwohner,
1276 Gutsbezirke 150 bis 200 Einwohner,
1800 Gutsbezirke mehr als 200 Einwohner.

Erst das Gesetz über die Neuregelung verschiedener Punkte des Gemeindeverfassungsrechts vom 27. Dezember 1927 brachte die Durchführung der Auflösung der Gutsbezirke zur Verwirklichung. § 11 bestimmte: Die bestehenden selbständigen Gutsbezirke sind aufzulösen und entweder mit Landgemeinden oder Stadtgemeinden zu vereinigen oder mit anderen Gutsbezirken zu einer neuen Land- oder Stadtgemeinde zusammenzulegen oder allein für sich in eine Stadt- oder Landgemeinde umzuwandeln. Bei dieser Regelung ist auf die Schaffung leistungsfähiger Gemeinden sowie darauf Rücksicht zu nehmen, daß einheitlich bewirtschafteter Grundbesitz einer und derselben Gemeinde zugelegt wird. Über die Art der Auflösung beschließt das Staatsministerium auf Grund eines Aufteilungsplanes der Kreisausschüsse nach Anhörung der beteiligten Gemeinden und Gutsbesitzer. Dabei soll von der Auflösung eines Gutsbezirkes Abstand genommen werden, wenn seine Vereinigung mit anderen Gemeinden oder seine Zusammenlegung mit anderen Gutsbezirken zu einer neuen Gemeinde nach Lage der Verhältnisse ausgeschlossen und seine Umwandlung in eine selbständige Gemeinde nicht möglich ist, weil sich ein eigenes Gemeindeleben wegen geringer Einwohnerzahl oder räumlicher

Trennung der Wohnstätten nicht entwickeln kann. Hierdurch sind zahlreiche Staatsdomänen und staatliche Forstgutsbezirke von der Eingemeindung bewahrt geblieben.

Über die Auseinandersetzungen zwischen den beteiligten Gemeinden und Gutsbesitzern beschließt nach dem Gesetz die Beschlußbehörde, d. h. bei Beteiligung einer Stadt der Bezirksausschuß (auf Beschwerde der Provinzialrat), in den übrigen Fällen der Kreisausschuß (auf Beschwerde der Bezirksausschuß). Die Regelung des Ausgleichs kann, wie bei den sonstigen Auseinandersetzungen, auch durch Vereinbarungen der Beteiligten vorgenommen werden, die aber der Genehmigung der Auseinandersetzungsbehörden bedürfen. Bei der Auseinandersetzung können Grundstücke, Gerechtigkeiten, Anlagen und Einrichtungen, die im Privateigentum des Gutsbesitzers stehen, aber dem Gemeingebrauche dienen, der Gemeinde übereignet werden. Die Mehr- oder Minderbelastung, die der Gutsbesitzer infolge der Auflösung des Gutsbezirks im Ganzen erfährt, ist in billiger Weise im Wege eines personellen Ausgleichs zu berücskichtigen. Die Übereignung von Grundstücken und Einrichtungen ist nur gegen vollständige Entschädigung zulässig. Wegen der Höhe der Entschädigung steht den Beteiligten gegen den endgültigen Beschluß der Beschlußbehörde binnen einem Monate die Klage im ordentlichen Rechtswege zu.

Eine Rechtsnachfolge in das in Erfüllung gutsherrlicher Pflichten aufgekommene Aktiv- und Passiv-Vermögen des Gutsbesitzers findet nicht statt. Es verbleibt dem Gutsherrn als Privatmann, der aus seinem Privatvermögen seinen öffentlich-rechtlichen Verpflichtungen nachgekommen ist. Die Auflösung eines Gutsbezirks hat daher nach Entscheidung des Oberverwaltungsgerichts nur die Bedeutung einer Beseitigung der Gutsherrschaft und den Übertritt der Parzellen des aufgelösten Gutsbezirks mit ihren Bewohnern unter die Verfügung des übernehmenden Kommunalverbandes. Über Einzelheiten des Auseinandersetzungsverfahrens verweise ich auf die eingehenden Ausführungsanweisungen im M nBl. für innere Verwaltung von 1927 S. 1173—1177 und von 1929 S. 96—104 sowie auf die Aufsätze von Kasseck in der Zeitschrift für Selbstverwaltung Heft 4 bis 6 von 1931.

Ich komme nunmehr zu der grundsätzlichen Frage, ob die gesetzlichen Bestimmungen über Form der Eingemeindung und ihre Voraussetzungen ausreichen oder ob sich die Aufstellung weiterer gesetzlicher Grundsätze oder Richtlinien für die Eingemeindung empfiehlt. Letztere Frage möchte ich verneinen; denn alle Eingemeindungsfälle liegen derartig individuell, daß sie sich unmöglich in feste Richtlinien pressen lassen. Diese würden letzten Endes darauf hinauslaufen, den Begriff des öffentlichen Wohles gesetzlich festzulegen, was man früher vergeblich und zum Schaden der Praxis versucht hat. Ein solcher Begriff läßt sich nicht in eine bestimmte gesetzliche Formulierung bringen, sondern seine Auslegung muß einer vernünftigen Praxis überlassen bleiben.

Welche Praxis ist aber in Eingemeindungsfragen als vernünftig zu bezeichnen? Naturgemäß werden die Auffassungen hierüber auseinandergehen, soweit man die Frage allein vom egoistischen Standpunkt der beteiligten Gemeinden aus betrachtet. Nach objektiver Auffassung wird man die Eingemeindung kleiner Gemeinden in eine größere Gemeinde aus Gründen des öffentlichen Wohles für berechtigt halten müssen, wenn die kleinere Gemeinde sich als derartig leistungsunfähig erweist, daß sie die ihr obliegenden öffentlichen Aufgaben nicht mehr zu erfüllen vermag. Ich meine damit natürlich nicht alle diejenigen Gemeinden, die in der heutigen Finanznot ihre öffentlichen Aufgaben nur unter großen Schwierigkeiten bewältigen können, sondern nur diejenigen Gemeinden, von denen man nach ihrer ganzen Struktur sagen muß, daß sie nicht sterben und nicht leben können. In diesem Falle hat die Gemeinde ihre Berechtigung auf Selbständigkeit verloren, und das öffentliche Wohl, welches auch das Ziel jeder Selbstverwaltung ist, erheischt in solchen Fällen den Zusammenschluß der leistungsunfähigen Gemeinde mit einer lebenskräftigen Nachbargemeinde. Das ist ein natürlicher Grundsatz des Wirtschaftslebens, der auch im öffentlichen Leben nicht unbeachtet bleiben kann, wobei besonders ins Gewicht fällt, daß der Zusammenschluß im Interesse der eingemeindeten Gemeinde liegt. Es ist daher abwegig, wenn eingefleischte Eingemeindungsgegner die Aufrechterhaltung des gemeindlichen Eigenlebens auch in lebensunfähigen Gemeinden durch staatliche Unterstützung auf Kosten der Gesamtheit fordern. In der Welt der Realitäten hat ein Gemeindeeigenleben keinen unbedingten Anspruch auf Leben, wenn ihm die reale Grundlage fehlt, sich selbst erhalten zu können; denn weder der Staat noch die Gesamtheit der Gemeinden können in Zeiten allgemeiner Not lebensunfähige Gemeinden alimentieren zum Schaden der Allgemeinheit.

Zweitens wird eine Vereinigung mehrerer Gemeinden, insbesondere kleinerer Gemeinden, dann erstrebenswert oder notwendig sein, wenn lebenswichtige und allgemeine Interessen ihre Zusammenfassung erfordern und dieses Ziel nicht durch die Bildung von Zweckverbänden erreicht werden kann. Ich denke dabei an die zahlreichen Fälle, in welchen Städte mit einer Landgemeinde eng verbunden sind und die beiderseitigen Gebiete in Gemengelage ineinander übergehen, so daß nur der Ortskundige weiß, wo die Stadt aufhört und die Landgemeinde anfängt. Den Städten fällt dann die undankbare Aufgabe zu, Schulen, Krankenhäuser, Bäder und andere Anstalten auf ihre Kosten zu errichten, während die Bewohner der angrenzenden Landgemeinde die sozialen und kulturellen Einrichtungen der Stadt mitbenutzen, ohne daß die Landgemeinde einen Pfennig dazu beizutragen hat. Um so ungerechter wirkt diese ungleiche Lastenverteilung, wenn die Industrie nicht im Stadtgebiet, sondern im Gebiet der benachbarten Landgemeinde ihren Sitz hat, so daß letztere die hohen Anteile an der Einkommen- und Körperschaftssteuer der industriellen Unternehmungen bezieht, während die mit ihr verbundene Stadt die Lasten für die Beamten, Angestellten und Arbeiter der Unternehmen zu tragen hat, die in ihrem Gebiet ihren Wohnsitz nehmen. In solchen Fällen, in denen mehrere Gemeinden eine wirtschaftliche und kulturelle Einheit bilden, ist die Unterlassung einer Eingemeindung staatspolitisch und wirtschaftlich nicht zu verantworten; denn wirtschaftlich zusammengehörige Gemeinden dürfen nicht voneinander getrennt werden, sondern müssen aus wirtschaftlichen Gründen auch zu einer Verwaltungseinheit zusammengefaßt werden. Hier ist die Eingemeindung zugleich der beste Lastenausgleich, den der Staat fördern muß, denn der Staat hat ein Interesse daran, daß das Ganze vorwärts kommt, und daß nicht einzelne Gemeinden zugunsten des Wohllebens anderer verkümmern.

Drittens dürfte Übereinstimmung darüber herrschen, daß die politischen Ortsgrenzen nicht zum Hemmschuh für die wirtschaftliche Entwicklung einer Stadt werden dürfen. Wir haben zahlreiche Städte, die ringsum von Gemeinden eingeschnürt sind, so daß eine Ausdehnung der Stadt zur Befriedigung des notwendigen Wohnbedürfnisses und eine aus wirtschaftlichen Gründen gebotene Ausdehnung ihrer Industrie ein Ding der Unmöglichkeit ist. In diesen Fällen muß das egoistische Interesse der Nachbargemeinde dem wirtschaftlichen Bedürfnisse der Stadt aus Gründen des allgemeinen Wohles weichen.

Ferner gibt es Fälle, in denen die Notwendigkeit von Verkehrsverbesserungen, besonders wenn die angrenzende Gemeinde sich weigert, daran teilzunehmen, oder die Notwendigkeit wichtiger wirtschaftlicher und kultureller Einrichtungen, deren Fehlen schwere volkswirtschaftliche und geistige Nachteile für Land und Volk in dem fraglichen Gebiete mit sich bringt, auf die Vereinigung mehrerer Gemeinden hindrängt, da die Verwirklichung der für dieses Gebiet notwendigen Einrichtungen nur durch einen einheitlichen Zusammenschluß erreicht werden kann. In den meisten dieser Fälle werden sich die Interessen der zu vereinigenden Gemeinden so nahe kommen, daß wesentliche Bedenken gegen die Eingemeindung nicht geltend zu machen sind. Allgemein zu beachten ist dabei, daß die Eingemeindung für die eingemeindende Stadt durchaus nicht immer ein gutes Geschäft ist, sondern oft mit erhöhten Lasten verbunden ist. Aber in der öffentlichen Wirtschaft geht es wie in der Privatwirtschaft: Man muß auch einmal ein schlechtes Geschäft abschließen, um erst in eine Geschäftsverbindung zu kommen und aus der Geschäftsverbindung in den späteren Jahren Nutzen ziehen, und zwar nicht nur Nutzen für sich selbst, sondern auch für die neu gefundene Gemeinschaft.

Andererseits darf man aber bei solchen Eingemeindungen auch nicht weiter gehen, als es die dringende Notwendigkeit erheischt. Unrichtig wäre es, Eingemeindungen auf Vorrat gutzuheißen. Die eingemeindende Stadt muß vielmehr gewillt und in der Lage sein, das einzugemeindende Gebiet verkehrsmäßig, kulturell, wirtschaftlich und kommunalpolitisch wirklich aufzuschließen. Es soll und darf für eine Eingemeindung niemals der Machtwille maßgebend sein, der dahin zielt, ein immer größer werdendes Gemeinwesen zu beherrschen; denn das allein maßgebliche Ziel, die kulturelle und wirtschaftliche Entwicklung zu fördern, spielt alsdann nur eine untergeordnete Bedeutung. Daher ist das Ziel einer Stadt, lediglich Großstadt oder gar Millionenstadt zu werden, verfehlt; denn die Hunderttausend oder die Million von Einwohnern bedeutet an sich noch keine Blüte einer Stadt, sondern eine wirtschaftliche Stärke wird erst geschaffen durch die Förderung von Handel, Gewerbe, Industrie und Verkehrswesen, und ihr besonderer Vorzug liegt darin, daß sie soziale und kulturelle Einrichtungen für die Allgemeinheit der Bevölkerung schafft und sie ihr nutzbar macht. Zu bekämpfen ist daher das Eingemeindungsstreben größerer Städte, soweit es nicht auf die Erhaltung von Lebensnotwendigkeiten oder auf die notwendige wirtschaftliche Entwicklung gerichtet, sondern in der Hauptsache darauf zurückzuführen ist, die Konkurrenz mit den sich allmählich weiter ausdehnenden Nachbarstädten auch in der Einwohnerzahl fortlaufend aufrecht zu erhalten. Es erscheint mir daher falsch, das Zukunftsideal der Selbstverwaltung in einer übertriebenen Bildung von Großstädten zu erblicken; denn das Wesen der kommunalen Selbstverwaltung ist grundsätzlich dezentralistisch. Demgegenüber trägt die Eingemeindung zur Großstadt ausgesprochen zentralistische Tendenz. Sie vernichtet die Selbstverwaltung des einzugemeindenden Gemeinwesens und schwächt zugleich die des neuen Großgebildes, weil der Bürger in der Großgemeinde den Zusammenhang mit der örtlichen Gemeinschaft verliert. Erstirbt aber das Heimatsgefühl als die stärkste Triebkraft aller ehrenamtlichen Tätigkeit in der Gemeinde, so geht auch die Intensität der ehrenamtlichen Mitarbeit verloren, und die politische Selbstverwaltung im Steinschen Sinne erstarrt in Riesenstädten mehr und mehr zu einer äußeren Form der Selbstverwaltung in juristischem Sinne. Durch eine übersteigerte Zentralisation wird daher der grundlegende staatspolitische und ideale Gedanke, auf dem Freiherr vom Stein vor 120 Jahren die Selbstverwaltung der örtlichen Volksgemeinschaft aufbaute, zu Gunsten einer äußeren Organisation preisgegeben. Und diese innere Abkehr von der Steinschen Grundidee erscheint mir besonders gefährlich für den demokratischen Staat, der, wie keine andere Staatsform, beste staatsbürgerliche Schulung und Erziehung des Bürgers zur Voraussetzung hat. Daher ist die in den letzten Jahren erstrebte Zusammenfassung einer Anzahl von Gemeinden zu Großstädten größten Umfanges ohne innere Notwendigkeit als Zukunftsdogma zu bekämpfen und zu begrüßen, daß diese Entwicklung gegenwärtig in Rückbildung begriffen ist. Ferner darf man die Bedeutung großstädtischer Einrichtungen nicht überschätzen. Auch kleinere Projekte von Mittel- und Kleinstädten können für die städtische Bevölkerung und für die Umgebung der Städte die gleiche wirtschaftliche und kulturelle Bedeutung haben wie das Millionenprojekt einer Großstadt. Entscheidend bleibt nicht das Riesenhafte der kulturellen und sozialen Einrichtungen, sondern die innere Bedeutung der Unternehmungen und ihre Auswirkung auf Stadt und Umgebung. In dieser Beziehung können auch mittlere und kleine Städte ohne Überhebung dieselben Ansprüche auf Eingemeindung für sich in Anspruch nehmen, wie die Großstädte unter der Voraussetzung, daß sie die Aufgabe erfüllen, ein Kulturzentrum für das sie umgebende Land zu bilden. Daher darf man meines Erachtens auch bestehende und bewährte Kulturzentren in mittleren und kleinen Städten nicht zerstören und beseitigen, sondern sollte sie aufrecht erhalten.

Zum Schluß möchte ich noch auf die Frage eingehen, die so oft in die Debatte geworfen wird, ob nicht Eingemeindungen durch Schaffung von Zweckverbänden oder Interessentenverbänden gänzlich vermieden werden können. Es ist unrichtig, wenn die Freunde des Eingemeindungsgedankens den Satz aufstellen, ein Zweckverband sei niemals geeignet, gemeinsame Lebensinteressen zweier Gemeinden ausreichend zusammenzufassen. Aber ebensowenig ist die Auffassung der Eingemeindungsgegner zutreffend, daß ein Zweckverband oder ein Interessentenverband eine Eingemeindung in der Regel unnötig macht. Es wird ganz auf den individuellen Fall ankommen, der im einzelnen zu prüfen ist. Es gibt Fälle genug, in denen schwierige Verhältnisse zwischen zwei Gemeinden im Wege eines Zweck- oder Interessentenverbandes geregelt werden können, wenn es sich lediglich darum handelt, bei einzelnen öffentlichen und wirtschaftlichen Einrichtungen eine Verwaltungsgemeinschaft zum Zwecke der Vereinfachung, Verbilligung und Verbesserung zu bilden. Zu nennen sind die zahlreichen Gemeinschaftseinrichtungen von Theatern, Wasserwerken, Elektrizitäts- und Gaswerken, Krankenanstalten usw. Aber es darf auch nicht verkannt werden, daß sich auf diesem Wege nur einzelne Aufgaben lösen lassen und daß dieser Weg nicht ausreicht, wenn es sich um die gemeinschaftliche Lösung vielfacher Hauptaufgaben der Kommunen handelt. Auch bestehen in einem Zweckverbande mancherlei Schwierigkeiten, z. B. bezüglich einer gerechten Verteilung der Stimmen unter die Beteiligten in den bestimmenden und verwaltenden Organen, sowie wegen der vielfachen Interessengegensätze, die die Bildung eines einheitlichen Willens zum Wohle der Gesamtheit außerordentlich erschweren. Deshalb wird ein Zweckverband wohl im einzelnen Falle geeignet sein, eine Eingemeindung zu vermeiden — und dann soll dieser Weg beschritten werden —, aber durchaus nicht in allen Fällen.

Besonders wichtig bleibt ferner bei allen Eingemeindungen die Rücksichtnahme auf die Restkörper, die bei Teileingemeindungen übrig bleiben. Nach den Grundsätzen der Gerechtigkeit ist es nicht angängig, daß man Gemeinden einen Teil ihres Gebietes entreißt und sie dadurch lebensunfähig macht. In der Praxis kann man es oft genug erleben, daß das Bestreben des eingemeindenden Teiles immer auf den wertvollsten Teil einer Gemeinde gerichtet ist, während der übrige Teil für ihn kein Interesse hat. In diesen Fällen muß die Gemeinde entweder ganz übernommen werden, oder es muß ihr durch Zuteilung anderer Teile die Lebensfähigkeit ermöglicht werden. Das ist eine Forderung der Gerechtigkeit und des öffentlichen Wohles. Von besonderer Bedeutung ist diese Frage für die Landkreise, die durch die Eingemeindungen großer Städte geschädigt werden und dadurch zu grundsätzlichen Gegnern jeder Eingemeindung geworden sind. Aber auch die in den Kreisen zurückbleibenden kreisangehörigen Städte und Gemeinden werden hiervon betroffen, weil sich die Steuerlasten durch das Ausscheiden steuerleistungsfähiger Gemeinden erheblich erhöhen. Hier ist es eine Forderung der Gerechtigkeit, die auch von den Großstädten anerkannt wird, daß der Landkreis durch eine entsprechende Entschädigung, oder, was noch besser ist, durch eine andere Aufteilung der umliegenden Landkreise lebensfähig und leistungskräftig erhalten wird; denn die Grenzen der Gemeinden und Landkreise sind zwar alt und ehrwürdig, aber darum noch nicht geheiligt. Infolgedessen ist es durchaus kein öffentlicher und erst recht kein wirtschaftlicher Schaden, wenn auch die Grenzen eines Landkreises einmal anders gelegt werden, als sie seit hundert Jahren festgelegt sind. Deshalb sollte man alle kleinlichen bureaukratischen Bedenken zurückstellen und eine alle Teile zufriedenstellende Lösung anstreben.

Wenn man nach diesen von mir skizzierten Grundsätzen verfährt, wird sich das Eingemeindungsproblem in der Praxis vernünftig lösen lassen; denn es geht hier, wie bei so vielen Fragen der Verwaltung: Nicht die Gesetzgebung ist allein das Entscheidende, sondern in noch viel höherem Maße entscheidet die Art der praktischen Durchführung der Gesetze, und ich möchte der Hoffnung Ausdruck geben, daß diejenigen Stellen, die das Eingemeindungsrecht praktisch zu handhaben haben, auch nach der neuen Festlegung gesetzlicher Grundsätze den richtigen Weg finden werden, der die Belange der Allgemeinheit und der Interessenten gebührend achten und berücksichtigen wird.

Die Kommissarbestellung als Mittel der Staatsaufsicht.

Von Dr. **von Leyden,**
Ministerialdirektor im Preußischen Ministerium des Innern.

Nicht nur das Thema selbst, auch seine Aktualität ist problematisch. Während die eigentlichen Rechtsfragen zum großen Teil an Aktualität in letzter Zeit verloren haben, ist das eigentliche Problem des Verhältnisses von Staat und Selbstverwaltung heute wichtiger als je. Sich über dies Verhältnis — wie es sich im Laufe der letzten Entwicklung gestaltet hat — Rechenschaft zu geben, ist notwendig, um die tatsächlichen Voraussetzungen für das Problem der Staatskommissare zu verstehen.

I. Die Entwicklung des Verhältnisses zwischen Staat und Selbstverwaltung.

Die deutsche Selbstverwaltung war von jeher gedacht als eine mit weitgehender Autonomie ausgestattete Verwaltung der eigenen örtlichen Angelegenheiten. Die Autonomie konnte umso weitgehender, die die Autonomie kontrollierende Staatsaufsicht umso eingeschränkter sein, je stärker diese Angelegenheiten eigene Angelegenheiten in dem Sinne waren, daß die Allgemeinheit, der Staat, an ihnen nicht selbst interessiert war.

Diese Nichtinteressiertheit war ursprünglich tatsächlich in starkem Maße gegeben, denn die Wirtschaft der Gemeinden war ursprünglich eine im großen und ganzen isolierte [1]). Diese ursprüngliche Isoliertheit hat der engsten Verflechtung der Gemeindewirtschaft mit der Allgemeinheit Platz gemacht im Verhältnis zur Wirtschaft, im Verhältnis zu engeren und weiteren Gemeindeverbänden, im Verhältnis zu der kommunalen Gesamtheit,

[1]) Vgl. zu folgendem meinen Aufsatz »Die Zukunft der Selbstverwaltung« im Reichsverwaltungsblatt Bd. 51 S. 445 und meinen Aufsatz »Stein und die heutige Selbstverwaltung« im Reichsverwaltungsblatt Bd. 52 S. 502.

im Verhältnis schließlich auch zu der staatlichen Gesamtheit, wie sie durch den Staat und die unmittelbare Staatsverwaltung repräsentiert werden. Beispiele ließen sich unendlich viele anführen; ich möchte hier darauf verzichten und nur ganz allgemein darauf hinweisen, daß es selbstverständlich ist, daß heutzutage Vorgänge in einer einzelnen Gemeinde wegen ihrer wirtschaftlichen, sozialen oder politischen Bedeutung die Allgemeinheit aufs stärkste berühren können. Umgekehrt gegen früher wird man heutzutage geradezu sagen können, daß es — wenigstens in Gemeinden, die einen wirtschaftlichen oder politischen Brennpunkt größeren oder geringeren Grades darstellen — wenig Angelegenheiten geben wird, die nicht auch für die Allgemeinheit von Bedeutung sind. Gewiß bleibt die Gemeinde innerhalb ihrer Zuständigkeit, wenn sie sich mit einer Angelegenheit befaßt, die von örtlichem Interesse ist; das Neue ist nur, daß eine solche Angelegenheit sehr wohl nicht nur von örtlichem, sondern auch von allgemeinem Interesse sein kann.

Ist schon diese allgemeine Strukturänderung für die Entwicklung des Verhältnisses zwischen Selbstverwaltung und Staat von entscheidender Bedeutung gewesen, so kommt als zweiter nicht minder wichtiger Faktor die Änderung hinzu, die das Selbstbestimmungsrecht und die Selbstverantwortung in der Selbstverwaltung durchgemacht haben — Selbstbestimmung und Selbstverantwortung vor allem auf finanziellem Gebiet.

Die Einnahmeseite ist zunächst durch die Erzbergersche Finanzreform wesentlich geändert worden, die das bis dahin vorhandene Zuschlagsrecht der Gemeinden zur Einkommensteuer beseitigt hat. An die Stelle der Einkommensteuerzuschläge ist eine durch schlüsselmäßige Verteilung des Reichs oder des Landes festgestellte und durch die Gemeinde unabänderliche Quote an den Überweisungssteuern getreten. Diese Tatsache hat bei steigenden Ausgaben zwangsläufig dazu geführt, daß die anderen, durch die Gemeinde an und für sich bestimmbaren Einnahmen — die Realsteuern und die Tarife — außerordentlich anstiegen, so daß sie in den meisten Fällen und seit geraumer Zeit praktisch die höchste Belastungsgrenze bereits erreicht, wenn nicht überschritten haben. Durch die Realsteuersenkung der Verordnung des Reichspräsidenten zur Sicherung von Wirtschaft und Finanzen vom

1. Dezember 1930 ist eine Erhöhung der Zuschläge zu den Realsteuern auch rechtlich zur Unmöglichkeit geworden [2]).

Während so die Einnahmeseite in vollständige Erstarrung übergegangen ist, gilt für die Ausgabeseite leider das Gegenteil. Unbeeinflußbar für die Gemeinden hat die Arbeitslosigkeit in immer steigendem Maße zugenommen. Die aus der Unterstützung der Wohlfahrtserwerbslosen für die Gemeinden entstandene Last ist dauernd gewachsen, ungeachtet der Tatsache — zum Teil sogar durch sie veranlaßt —, daß Arbeitslosenunterstützung (Alu) und Krisenunterstützung (Kru) zeitlich und leistungsmäßig begrenzt und beschränkt worden sind.

Die unausbleibliche Folge war das Etats- und das Kassendefizit, das wir in seiner Gesamtheit für die preußischen Gemeinden und Gemeindeverbände vor der Septemberverordnung auf 500 Millionen RM für das Rechnungsjahr 1931 nicht zu hoch geschätzt haben. Unter den heutigen Verhältnissen bedeutet ein Etatsdefizit nicht wie früher etwa eine vorübergehende Störung des Gleichgewichts, die im allgemeinen ohne allzu große Schwierigkeiten noch im laufenden Rechnungsjahr durch eine Nachtragsumlage oder im folgenden Rechnungsjahr durch Übernahme des Fehlbetrags auf den Haushalt des nächsten Jahres wieder behoben werden konnte, — nein, heute haben leider diese Fehlbeträge die Bedeutung, daß von vornherein die Herstellung des Gleichgewichts im Haushalt unmöglich ist, daß die Störung weder im laufenden noch im nächsten Jahre behoben werden kann, und daß sie sich daher unausweichbar früher oder später in Kassenschwierigkeiten und Zahlungseinstellung ausdrücken muß.

Die Verantwortungsfreudigkeit der Gemeindeorgane hat schwer darunter gelitten, daß diese Etatsschwierigkeiten entweder Maßnahmen auf der Einnahmeseite (Biersteuer oder Bürgersteuer) oder auf der Ausgabeseite (drakonische Drosselung aller Ausgaben) erforderten, die der Öffentlichkeit gegenüber schwer zu vertreten waren, vor allem aber dadurch, daß in vielen Fällen ja Klarheit darüber bestehen mußte, daß auch extremste Mittel nicht zu einem Ausgleich des Etats aus eigenen Kräften der Gemeinde führen konnten.

---

[2]) Inzwischen für die unter dem Landesdurchschnitt liegenden Gemeinden gelockert durch Kapitel V des Siebenten Teils der Vierten Verordnung des Reichspräsidenten v. 8. Dezember 1931 (RGBl. I S. 699).

Die Einschränkung der Selbstbestimmung und Selbstverantwortung gerade auf diesem für die kommunale Autonomie entscheidenden Gebiet der Finanzhoheit hat nun auch das Verhältnis zwischen Selbstverwaltung und Staat auf das stärkste beeinflussen müssen; einmal deshalb, weil es eben nicht eine Angelegenheit von nur örtlichem Interesse ist, ob eine Gemeinde aufhört, zu funktionieren, ihre Zahlungen einstellt, sondern weil dies eine Angelegenheit ist, die bei der nun einmal bestehenden Arbeitsteilung für die Allgemeinheit von allergrößtem Interesse ist. Der Staat kann es nicht einfach geschehen lassen, ja er selbst wird auf das stärkste dadurch betroffen, wenn so lebenswichtige Aufgaben, die ein Faktor der öffentlichen Gewalt zu erfüllen hat, unerfüllt bleiben würden und daraus die schwerwiegendsten Folgen für die öffentliche Ordnung, Ruhe und Sicherheit entstehen müßten.

Ganz besonders aber hat diese Entwicklung zu einer Änderung des Verhältnisses zwischen Selbstverwaltung und Staat deshalb geführt, weil der Staat in die Lage gebracht worden ist, die Gemeinden auch finanziell zu unterstützen. Mit unserem deutschen Begriff der Selbstverwaltung wenigstens ist ein solches Verhältnis schlechthin unvereinbar. Mit dem Augenblick, wo eine Gemeinde an den Staat herantreten und um seine finanzielle Unterstützung bitten muß, weil sie selbst nicht mehr in der Lage ist, ihre Aufgaben zu bestreiten, hört — richtig gesehen und verstanden — die Selbstverwaltung auf. Wenn der Staat in solcher Weise hilft, übernimmt er mit der Hilfe zu einem wesentlichen Teil auch die Verantwortung, und zwar die Verantwortung nicht nur der einzelnen Gemeinde gegenüber, sondern der Gesamtheit der Gemeinden. Wenn er einen Unterstützungsfonds zu verwalten hat, wie das jetzt unsere schwere und undankbare Aufgabe ist, dann muß er bei der sparsamen Verteilung dieser allzu knappen Mittel ängstlich prüfen, ob auch zuvor alle Möglichkeiten in der zu unterstützenden Gemeinde erschöpft sind, ehe er einen Pfennig hergeben kann, den er sonst anderen, in vielleicht noch dringenderer Notlage befindlichen entziehen würde.

Mit diesem Dotationssystem haben unsere Verhältnisse starke Ähnlichkeit mit denen in England bekommen [3]). In England war die Selbstverwaltung zwar in manchen Dingen formell selbständiger

[3]) Vgl. meinen Vortrag über englische Selbstverwaltung — Carl Heymanns Verlag 1929.

gestellt als bei uns. Sie besaß aber andererseits niemals die Universalität der Zuständigkeit und war praktisch in viel stärkerem Maße vom Staate abhängig, weil in England das Dotationssystem seit jeher bestanden hat. Gerade die Möglichkeit zu dotieren oder die Dotierung zu verweigern, gab dem Staat praktisch einen viel stärkeren Einfluß auf die Selbstverwaltung als bei uns. Für England erklärt sich dieses Verhältnis daraus, daß man dort nie einen so grundsätzlichen Unterschied zwischen unmittelbarer Staatsverwaltung und Selbstverwaltung gesehen hat wie bei uns, und dies wieder erklärt sich aus der Organisation der englischen Verwaltung überhaupt. In England hat sich — von wenigen Aufgabengebieten abgesehen — bis in die neueste Zeit die unmittelbare Staatsverwaltung im wesentlichen auf die zentrale Verwaltung in den Ministerien beschränkt. Die örtliche Verwaltung wurde den Gemeinden und Gemeindeverbänden überlassen, die aber infolge dieser grundsätzlichen vertikalen Aufgabenteilung nicht in dem Maße wie bei uns als eine besondere Verwaltung neben der Staatsverwaltung, sondern vielmehr als eine lokale Organisation innerhalb der Staatsverwaltung im weiteren Sinne erschien und verstanden wurde. Bezeichnend dafür ist, daß die kommunale Selbstverwaltung in England nicht Selbstverwaltung, sondern örtliche Verwaltung (Local Government) genannt wird.

Für unsere Verhältnisse aber ist diese Verschiebung auf das Dotationsgebiet nicht nur etwas durchaus Neues, sondern auch etwas, was mit den Grundprinzipien unserer deutschen Selbstverwaltung schlechthin im Widerspruch steht und damit etwas, was naturnotwendig die Ursache und die Rechtfertigung für die Staatskommissare in sich schließt.

II. Die Rechtsfrage.

A) Rechtliche Voraussetzungen [4]).

Was bedeutet die Einsetzung eines Staatskommissars rechtlich? Daß anstelle der für die Aufgabe an sich zuständigen Gemeinde und an Stelle der nach den Gemeindeverfassungsgesetzen zuständigen Gemeindeorgane der Staat handelnd eingreift, ohne

4) Vgl. zu folgendem meine Aufsätze im Reichsverwaltungsblatt Bd. 52 S. 27 ff. und Bd. 52 S. 321 ff. Insbesondere ist in dem ersten Aufsatz die Frage der Vereinbarkeit mit der Reichsverfassung und der Preußischen Verfassung behandelt, auf die ich hier nicht eingehe.

daß das Gesetz selbst einen solchen Eingriff für einen solchen Fall ausdrücklich zuläßt. Diese letzte Einschränkung ist für die Begrenzung des Themas um so wichtiger, als wir tatsächlich eine ganze Reihe von Fällen kennen, in denen das Gesetz (Gemeindeverfassungsgesetz oder Zuständigkeitsgesetz) einen solchen Eingriff des Staates ausdrücklich kennt und ausdrücklich regelt. Und auch in der Literatur wird von manchen der Standpunkt vertreten, daß ein solcher Eingriff des Staates sich auf diese vom Gesetz selbst geregelten Fälle beschränkt.

Diese extreme Ansicht wird allerdings nicht nur von dem größten Teil der Literatur, sondern auch von der höchsten preußischen Rechtsprechung abgelehnt. In meinem zweiten Aufsatz über die Staatskommissare habe ich gegenüber Stier-Somlo nachgewiesen, daß tatsächlich schon die frühere Rechtsprechung des Oberverwaltungsgerichts sich auf Fälle bezieht, für die das Gesetz selbst die Bestellung eines Staatskommissars nicht ausdrücklich zuläßt. In diesem Zusammenhang kommen in Betracht die Entscheidungen des Oberverwaltungsgerichts, Entsch.-Bd. 25 S. 49, im Preußischen Verwaltungsblatt Bd. 23 S. 776 und Entsch.-Bd. 81 S. 101. Die erste Entscheidung erklärt die Bestellung eines Kommissars anstelle des behinderten Magistrats für zulässig und zwar in einem Fall, in dem das Oberverwaltungsgericht ausdrücklich feststellt (S. 50 und 51), daß nicht etwa anstelle des Magistrats der Bezirksausschuß gemäß § 44 Östl. Städteordnung und § 17 Nr. 2 des Zuständigkeitsgesetzes Beschluß fassen kann; hier handelt es sich vielmehr um einen Fall, in dem die Beschlußunfähigkeit des Magistrats nicht wegen des Tatbestandes des § 44 Östl. Städteordnung (Interessenkollision) eintrat, sondern aus anderen Gründen. Die zweite Entscheidung des Oberverwaltungsgerichts erklärt die Einsetzung eines Kommissars anstelle der Gemeindevertretung für zulässig, weil eine solche nicht bestand und im Augenblick auch nicht gebildet werden konnte, und die dritte Entscheidung erklärt die Bestellung eines Kommissars anstelle der Gemeindevertretung deshalb für zulässig, weil die Gemeinde sich weigerte, eine Gemeindevertretung zu wählen.

Diese zum Teil schon älteren Entscheidungen des Oberverwaltungsgerichts beweisen unzweifelhaft, daß das Oberverwaltungsgericht an und für sich in bestimmten Fällen die rechtliche Zulässigkeit der Einsetzung eines Staatskommissars bejaht. Sie beschränken sich aber auf solche Fälle, in denen es sich um eine äußere Funktionsstörung des Apparates handelt, d. h. in denen die Maschine stillzustehen droht oder stillsteht, weil einzelne Teile des Apparats fehlen oder entzwei gegangen sind.

So war die Rechtslage, als wir gegen Ende des Jahres 1930 vor das Problem der Staatskommissare gestellt wurden infolge der Entwicklung, die ich eben gekennzeichnet habe. Sie drängte im November und Dezember 1930 zu schnellen Entscheidungen insbesondere aus zwei Gründen, weil einmal die Verordnung des Reichspräsidenten vom 26. Juli 1930 ebenso wie die spätere Verordnung vom 1. Dezember 1930 die Gemeinde unter bestimmten Voraussetzungen (Höhe der Realsteuern) zur Einführung oder Erhöhung bestimmter anderer Steuern (Biersteuer, Bürgersteuer) gesetzlich verpflichtete. Diese Verpflichtung war insofern eine lex imperfecta, als das Reichsrecht keinen unmittelbaren Zwang vorsah, vielmehr eine Nichtbefolgung der Verpflichtung an Folgen knüpfte, die im praktischen Erfolg nur den Ausfall weiterer Einnahmen zur Folge gehabt haben würden. Zweitens aber mußte nach der Verordnung des Reichspräsidenten vom 1. Dezember 1930 die am 1. Januar 1931 eintretende Realsteuersperre uns veranlassen, überall, wo dies noch möglich und erträglich war, dafür zu sorgen, niedrige Realsteuern rechtzeitig zu erhöhen, sowohl um den Fehlbetrag des Rechnungsjahres 1930 noch auszugleichen oder wenigstens zu mildern, rechtzeitig aber auch insofern, um damit eine aller Wahrscheinlichkeit nach unbedingt notwendige Reserve für das Rechnungsjahr 1931 zu schaffen, die sonst durch die rechtliche Sperre verschlossen worden wäre.

Diese beiden Umstände liegen rechtlich schon nicht unwesentlich anders als die eben genannten. Die Nichterfüllung der gesetzlichen Verpflichtung allerdings bringt den Vergleich mit anderen Eingriffsmöglichkeiten des Staates nahe, insbesondere mit den Zwangsmitteln des § 132 des Landesverwaltungsgesetzes. Daß der Staat die Möglichkeit haben muß, bei der Nichterfüllung gesetzlicher Verpflichtungen letzten Endes unmittelbar Remedur zu schaffen, ist ja etwas, was mit der uns bekannten Staatsaufsicht durchaus vereinbar ist, die ja gerade die Gesetzmäßigkeit der Verwaltung zu überwachen hat. Der zweite Umstand aber bedeutet schon eine grundsätzliche Erweiterung gegenüber den drei erstgenannten Fällen, weil es sich hier nicht um einen äußeren, sondern um einen inneren Mangel der Apparatur handelt. Es ist hier nicht so, als ob Glieder der Maschine fehlen oder entzwei gegangen sind; sie sind vorhanden, sie funktionieren auch an und für sich, aber sie funktionieren in einer Weise, die der Gesamtfunktion der Maschine zuwider sind. Sie stören aufs empfindlichste den Gang, die Arbeit der Maschine, ja sie können letzten Endes dazu führen, daß die Maschine stillsteht. Gerade das letzte aber ist es, was nun wieder beweist, daß beide Arten von Funktionsstörungen doch im wesentlichen nur unter demselben Gesichtspunkt gesehen werden können. Die Ursache ist eine verschiedene. Der Erfolg ist dasselbe: die Funktionsstörung.

Gerade für diese Erweiterung der Voraussetzung ist nun außerordentlich interessant eine neue, bisher noch unveröffentlichte Entscheidung des Oberverwaltungsgerichts vom 21. April 1931. Bei ihr handelt es sich darum, ob das sogenannte Differenzverfahren aus § 36 der Östlichen Städteordnung [5]) und damit letzten Endes eine Entscheidung der Beschlußbehörde auch dann zulässig ist, wenn die Stadtverordnetenversammlung mit dem Gemeindevorstand über die Aufstellung des Etats sich nicht einigen kann und deshalb ein Etat nicht zustande kommt. Nach dem Wortlaut des § 36 a. a. O. findet das Differenzverfahren nur statt, wenn ein Beschluß der Stadtverordneten, der vom Magistrat auszuführen ist, die Zustimmung des Magistrats nicht findet, nicht aber auch dann, wenn eine Vorlage des Magistrats die Zustimmung der Stadtverordnetenversammlung nicht findet. Das Oberverwaltungsgericht ist demgegenüber davon ausgegangen, daß das durch § 17 Nr. 1 des Zuständigkeitsgesetzes geregelte Differenzverfahren sich nicht nur auf den eben genannten Tatbestand des § 36 Östliche Städteordnung beschränkt, sondern auch den Fall des § 56 Nr. 2 der Östlichen Städteordnung deckt, wonach der Magistrat verpflichtet ist, die Zustimmung und Ausführung zu versagen, wenn die Stadtverordnetenversammlung einen Beschluß gefaßt hat, der gesetzwidrig ist oder das Staatswohl oder das Gemeindeinteresse verletzt. Nun sagt das Oberverwaltungsgericht, daß dem Umstande, daß der Beschluß der Stadtverordnetenversammlung in dem konkreten Fall rein negativer Natur gewesen sei, keine ausschlaggebende Bedeutung beigemessen werden könne. Denn »es kann nicht die Absicht des Gesetzgebers gewesen sein, die Anrufung der Aufsichtsinstanz, die doch dazu dienen soll, etwaige,

[5]) Die Entscheidung des OVG. bezieht sich auf die Städte-Ordnung für Hessen-Nassau, die aber in den in Betracht kommenden Vorschriften mit der östlichen Städte-Ordnung übereinstimmt.

aus Differenzen zwischen den städtischen Kollegien zu befürchtende Schädigungen des Gemeinwohls oder des Gemeindeinteresses zu vermeiden und die sich als ein Eingriff in die Selbstverwaltungsbefugnisse nur unter dieser Voraussetzung rechtfertigt, in einem Falle auszuschließen, in welchem — wie bei nicht rechtzeitigem Zustandekommen des Etats — die Lahmlegung der ganzen Stadtverwaltung in Frage steht, nur weil der Beschluß der Stadtverordneten nicht genügend bestimmt formuliert ist«.

Zeigt schon diese rechtsentwickelnde Auffassung des Oberverwaltungsgerichts, die damit zum erstenmal grundsätzlich die Anwendbarkeit des Differenzverfahrens auch für formell negative Stadtverordnetenbeschlüsse bejaht, die Erkenntnis der Notwendigkeit und Zulässigkeit staatlichen Eingreifens in Fällen der von mir eben erwähnten Funktionsstörungen, so geht diese Entscheidung noch einen Schritt weiter. Das Oberverwaltungsgericht sagt, wenn der Fall etwas anders gelegen hätte, wenn die Stadtverordnetenversammlung zu der Ablehnung des Etats nicht wegen sachlicher Meinungsverschiedenheiten mit dem Magistrat über Einzelheiten des Etats gekommen wäre, sondern, wenn sie sich überhaupt der Aufgabe, den Etat festzusetzen, hätte entziehen wollen, dann allerdings wäre für das Differenzverfahren kein Raum mehr gewesen, dann aber wäre die Einsetzung eines Staatskommissars zulässig gewesen. »Nach der Rechtsprechung des Oberverwaltungsgerichts wäre die Einsetzung eines Staatskommissars erst dann in Frage gekommen, wenn kein anderer im Gesetze vorgesehener Weg zur Ermöglichung einer ordnungsmäßigen Fortführung der Gemeindeverwaltung vorhanden gewesen wäre, wenn also insbesondere auch das Differenzverfahren nicht hätte eintreten können. Das würde voraussetzen, daß die Stadtverordnetenversammlung ihre gesetzlich vorgeschriebene Mitwirkung bei der Feststellung des Etats überhaupt und grundsätzlich abgelehnt hätte. Ein solcher Fall der Selbstausschaltung ist gleichzuachten den Fällen, in denen ein Gemeindeorgan nicht vorhanden oder an der Beschlußfassung verhindert ist. . . . Der Gerichtshof hält daran fest, daß es in einem solchen Falle zulässig gewesen wäre, die Aufgaben der Stadtverordnetenversammlung auf einen Staatskommissar zu übertragen, wenn dies das einzige, zur Aufrechterhaltung eines geordneten Ganges der Gemeindeverwaltung mögliche Mittel bildete.«

Das Oberverwaltungsgericht ist also einen wesentlichen Schritt weitergegangen. Als eine Funktionsstörung, die die Einsetzung eines Staatskommissars rechtfertigt, sieht es jetzt an auch den Fall, wo ein Organ — zwar äußerlich gesehen — funktioniert, wo es aber funktionswidrig funktioniert, weil es die Erfüllung seiner Funktion ablehnt, weil es, kurz gesagt, streikt.

Was jetzt übrig bleibt, d. h. was jetzt vom Oberverwaltungsgericht noch nicht entschieden ist, ist also eigentlich nur noch die Frage, ob der Funktionsstörung, die dadurch entsteht, daß ein Glied nicht da ist, daß ein Glied entzwei ist oder daß ein Glied überhaupt die Arbeit verweigert, auch der Fall gleichzustellen ist, in dem das Glied zwar da ist, in dem es auch arbeitet, in dem aber die Arbeit so ist, daß sie selbst funktionsstörend wirkt.

In solchen Fällen wird man m. E. die Grenze da ziehen müssen, wo sie nach dem ganzen Verhältnis zwischen Staat und Selbstverwaltung liegen muß. Reine Zweckmäßigkeitsfragen im Sinne der örtlichen Angelegenheiten, an denen die Gesamtheit nicht wesentlich interessiert ist, werden als eine solche Funktionsstörung nicht angesehen werden können, selbst wenn sie zu Nachteilen führen, solange nicht die Funktion im ganzen gefährdet wird, die Funktion der Gemeinde als eines Gliedes der staatlichen Gemeinschaft. Wenn aber dies der Fall ist, wenn die Arbeit dieses Maschinenteils oder der Maschine im ganzen so ordnungswidrig ist, daß sie den Zweck selbst, die Existenz der Gemeinde bedroht und damit auch das Interesse der Allgemeinheit auf das stärkste berührt und gefährdet, dann allerdings wird man auch in solchen Fällen als obersten Grundsatz anzuerkennen haben, daß es Aufgabe des Staats sein muß, solche Funktionsstörungen zu verhindern.

Und damit komme ich zu der Frage der rechtlichen Konstruktion.

B) Rechtliche Konstruktion.

a) Die rechtliche Konstruktion des Oberverwaltungsgerichts.

Das Oberverwaltungsgericht begründet die Zulässigkeit der Einsetzung von Staatskommissaren aus dem staatlichen Aufsichtsrecht über die Selbstverwaltung. Das Oberverwaltungsgericht stellt fest, daß in den geltenden Gemeindeverfassungsgesetzen das staatliche Aufsichtsrecht inhaltlich nicht umschrieben ist, und daß daher die Beantwortung der Frage, was der Inhalt und was die Grenzen der Staatsaufsicht seien, eine Auslegungsfrage ist. Das Oberverwaltungsgericht ist der Ansicht, daß der § 139 der revidierten Städteordnung von 1831, der das staatliche Aufsichtsrecht umschrieben hatte, immer noch für die Auslegung des Begriffs herangezogen werden könne, daß also das staatliche Aufsichtsrecht die Befugnisse in sich schließe, »darüber zu wachen, daß die Verwaltung der städtischen Gemeindeangelegenheiten den Bestimmungen der Gesetze gemäß geführt, stets in geordnetem Gange erhalten und angezeigte Störungen beseitigt werden«.

Das bedeutet, daß das staatliche Aufsichtsrecht über die Selbstverwaltung durch die einzelnen Vorschriften der Gemeindeverfassungsgesetze, des Zuständigkeitsgesetzes und des Landesverwaltungsgesetzes nicht erschöpft wird, sondern daß die Aufsichtsbehörde, wenn keine anderen Mittel gegeben sind, daneben auch das Recht hat, Staatskommissare einzusetzen, um den geordneten Gang zu erhalten und angezeigte Störungen zu beseitigen. Die Einsetzung eines Staatskommissars ist demnach rechtlich nichts anderes als ein Ausfluß des Staatsaufsichtsrechts ebenso, wie es die ausdrücklich durch das Gesetz gegebenen Aufsichtsmittel sind, nur mit dem Unterschied, daß die letzten auf speziellen gesetzlichen Vorschriften, die erste auf dem auslegungsmäßig gefundenen Begriff und Inhalt der Staatsaufsicht beruht.

b) Meine Konstruktion.

Ich unterscheide zwischen Staatsaufsicht im engeren Sinne, d. h. der Aufsicht, die der Staat über die funktionierende Selbstverwaltung auszuüben hat, und der Staatsaufsicht im weiteren Sinne, die den Staat in die Lage bringt, an Stelle der ihre Funktion versagenden Selbstverwaltung selbst zu handeln.

Allerdings ist zuzugeben, daß beide Arten von Staatsaufsicht sich in den bestehenden Gesetzen überschneiden. Ich habe bereits in meinem ersten Artikel über Staatskommissare (Reichsverwaltungsblatt Bd. 52 S. 28ff.) darauf hingewiesen, daß die einzelnen Aufsichtsmittel, die das geschriebene Gesetz gibt, teils solche der Kontrolle, teils solche des Ersatzes sind. Während die gewöhnlichen Aufsichtsmittel wie Genehmigung, Bestätigung und die Entscheidung über Beschwerden im Kommunalaufsichtswege, ja selbst die Beanstandung von Beschlüssen wegen Gesetzwidrigkeit, durchaus den Charakter der Kontrolle haben, da die Entscheidung der Aufsichtsbehörde, auch soweit sie selbständige konstitutive Wirkung besitzt, immer noch das Bestehen eines Aktes der Selbstverwaltung voraussetzt, den sie zu prüfen und allenfalls zu ergänzen oder abzuändern hat, bedeuten andere Aufsichtsmittel, die die bestehenden Gesetze kennen, mehr als eine solche Kontrolle, vielmehr einen Ersatz des Aktes der Selbstverwaltung durch einen unmittelbaren Staatsakt. Dazu gehören z. B. die Zwangsmittel des § 132 des Landesverwaltungsgesetzes, soweit sie als Zwangsmittel die Ausführung durch einen Dritten oder den unmittelbaren Zwang vorsehen; das Zwangsetatisierungsrecht (§ 19 Zuständigkeitsges.) und der oktroyierte Umlagebeschluß (§ 59 Kommunalabgabenges.); die Auflösung der Gemeindevertretung (§ 79 Östl. Städteordnung) mit der Wirkung, daß bis zur Neuwahl die Beschlußbehörde die Funktion der Gemeindevertretung zu übernehmen hat, und der bereits erwähnte Fall des § 17 Nr. 2 Zuständigkeitsgesetzes, in dem die Beschlußbehörde an Stelle der infolge Interessenkollision beschlußunfähig gewordenen Gemeindebehörden zu beschließen hat; schließlich die Fälle, in denen ein Gemeindeorgan durch die Staatsaufsichtsbehörde bestellt wird (§ 33 Abs. 4 Östl. Städteordnung, § 32 Abs. 4 RheinStO. und § 8 des Gesetzes über die Regelung verschiedener Punkte des Gemeindeverfassungsrechts vom 27. 12. 1927).

Trotzdem alle diese Aufsichtsmittel in den geltenden Gesetzen als Mittel der Staatsaufsicht über die Selbstverwaltung konstruiert sind, muß man sich darüber klar sein, daß die beiden Kategorien etwas grundsätzlich Verschiedenes bedeuten. Denn es ist etwas vollkommen Anderes, ob der Staat die als Autonomie eingerichtete Selbstverwaltung kontrolliert im Sinne einer Ergänzung oder Abänderung funktionsmäßiger Beschlüsse, oder ob er an Stelle der Selbstverwaltung und ohne einen vorherigen Funktionsakt der Selbstverwaltung selbständig und allein an ihrer Stelle handelt. Vielleicht könnte man aus den Fällen der zweiten Kategorie noch diejenigen Fälle herausnehmen und der ersten Kategorie zurechnen, in denen die Notwendigkeit des staatlichen Eingriffs nicht durch bewußte und gewollte Funktionsstörung hervorgerufen wird, sondern durch Umstände, die automatisch zu dieser Notwendigkeit führen. Dazu würde beispielsweise gehören der Fall, der der Entscheidung des Oberverwaltungsgerichts im Preußischen Verwaltungsblatt Bd. 23 S. 776 zugrunde liegt, in dem die Bildung des Bürgervorsteherkollegiums aus Gründen unmöglich ist, die nicht im Belieben der Bürgerschaft liegen. In allen den Fällen aber, in denen es sich um ein subjektives Versagen oder um ein Sichversagen der Selbstverwaltungsorgane handelt, besitzt der Eintritt des Staates in die Stelle der Selbstverwaltung eine ganz andere Bedeutung.

Um das Problem an der Wurzel zu fassen, müssen wir auf das Allgemeine Landrecht zurückgehen. Das Allgemeine Landrecht hat die Aufsicht des Staates auch über die Gemeinden im 6. Titel des II. Teils geregelt, der von den Gesellschaften überhaupt und von Korporationen und Gemeinen in Sonderheit handelt. Das Allgemeine Landrecht hat die Gemeinden nicht anders behandelt, als alle sonstigen Personen-Vereinigungen, denen es eine mehr oder weniger weitgehende Autonomie gewährt. Von einer kommunalen Selbstverwaltung im Sinne Steins und der späteren Zeit war ja damals noch keine Rede. Mit allgemeiner Gültigkeit für alle Korporationen und Gemeinen bestimmen die §§ 189 und 190 dieses Titels, daß der Staat berechtigt ist, die Korporation oder Gemeine aufzuheben, wenn der im Grundvertrag vorgeschriebene Zweck nicht ferner erreicht werden kann oder gänzlich hinwegfällt oder wenn dieser Zweck wegen veränderter Umstände dem gemeinen Wohl offenbar schädlich wird.

Und dann sagt § 191:

> »Wird nur durch Mißbräuche oder Mängel der inneren Verfassung die Erreichung des Zweckes gehindert oder Nachteil für das gemeine Wohl hervorgebracht, so ist der Staat nur befugt, zur Abschaffung der Mißbräuche und Wiederherstellung der guten Ordnung zweckmäßige Mittel vorzukehren.«

Diese Rechtsnorm ist m. E. auch heute noch die Grundlage für die Staatskommissare.

Sie war es unzweifelhaft, solange die Staatsaufsicht über Gemeinden auf dem Allgemeinen Landrecht beruhte. Denn solange galt das Staatsaufsichtsrecht im weiteren Sinne, das § 191 umschließt, ohne Zweifel auch für sie wie für alle übrigen Korporationen, während dasselbe Gesetz in der im Allgemeinen Landrecht üblichen kasuistischen Weise auch die Aufsicht des Staates im engeren Sinne durch seine einzelnen Vorschriften regelte. Dieser Zustand wurde geändert durch die Gesetzgebung der Aufklärungszeit, beginnend mit der Städteordnung des Freiherrn vom Stein vom 19. 11. 1908. Seitdem erst kennen wir eine eigentliche Selbstverwaltung und kennen wir die spezielle Staatsaufsicht über die Selbstverwaltung als Korrelat für die mit ihr gegebene Autonomie. Aufgabe des Gemeindeverfassungsrechts ist es, die Rechte der Selbstverwaltung und ihre Kontrolle durch den Staat zu regeln. Beides setzt voraus, daß die Selbstverwaltung vorhanden ist und funktioniert. Eine ganz andere, auf die Grundlage des Verhältnisses zwischen Staat und Selbstverwaltung zurückführende Frage aber ist es, was geschehen soll, wenn die vom Staat gegebene Autonomie als solche versagt. »Wenn der Staat einer ihm eingegliederten Körperschaft Autonomie gibt, so übernimmt er damit eine Verantwortung der Allgemeinheit gegenüber, für die diese Autonomie u. U. eine Gefahr werden kann. Die Verantwortung ist um so größer, je weiter die Autonomie geht. Dieser Verantwortung muß der Staat Rechnung tragen durch zweierlei: einmal dadurch, daß er die autonome Verwaltung wenn und soweit sie funktioniert, beaufsichtigt. Das geschieht, durch die in den Gemeindeverfassungsgesetzen geregelte Staatsaufsicht. Darüber hinaus muß der Staat aber auch dafür sorgen, daß, wenn und soweit die Autonomie nicht funktioniert, an ihre Stelle etwas anderes tritt. Denn solange man davon ausgeht, daß der souveräne Staat letzten Endes für die Ordnung im Staate totaliter verantwortlich ist, muß er, wenn und soweit er diese staatliche Aufgabe auf dem Wege der Autonomie delegiert, seinerseits wieder dafür sorgen, daß für den Fall eines Versagens der Autonomie die Ordnung in anderer Art aufrechterhalten wird. Das hat der Preußische Staat durch die §§ 189 ff. ALR. II. 6 getan. Abgesehen von der vollständigen Aufhebung einer »Corporation oder Gemeine«, die hier nicht zur Erörterung steht, zieht § 191 aus Mißbräuchen und Mängeln die Konsequenz, daß das ursprüngliche Recht des Staates, das er durch die Autonomie delegiert hatte, in solchen Fällen wieder an ihn devolviert. Er selbst verpflichtet und berechtigt sich, dann zur Abschaffung der Mißbräuche und Wiederherstellung der guten Ordnung die zweckmäßigen Mittel vorzukehren. Das ist tatsächlich ureigentliches Staatsgrundrecht, so sehr, daß, wie ja auch das Oberverwaltungsrecht anerkennt, dieses Grundrecht auch da gilt, wo das Allgemeine Landrecht nicht förmlich eingeführt ist. Ich möchte sogar soweit gehen, zu sagen, daß es auch dann gelten müßte, wenn es nirgendwo gesetzgeberisch Ausdruck gefunden hätte, denn es ist die letzte Konsequenz des Staatsgedankens überhaupt.«[6])

Als Rechtsquelle für dieses Staatsgrundrecht sehe ich nach wie vor den § 191 ALR. II. 6 an. Auf ihm beruht m. E. die Staatsaufsicht im weiteren Sinne, während die Staatsaufsicht im engeren Sinne durch die Gemeindeverfassungsgesetze geregelt ist. Unerheblich für diese rechtliche Konstruktion ist es, wenn der Gesetzgeber für einzelne, bestimmt umschriebene Fälle das Staatsaufsichtsrecht in den Gemeindeverfassungsgesetzen auch insoweit geregelt hat, als es — richtig gesehen — nicht Staatsaufsicht im engeren Sinne, sondern Staatsaufsicht im weiteren Sinne ist.

Beide Konstruktionen unterscheiden sich mehr in der grundsätzlichen Auffassung als in ihrem praktischen Ergebnis. Denn wenn man, wie es auch das Oberverwaltungsgericht tut, ein über die einzelnen in den Gemeindeverfassungsgesetzen geregelten Befugnisse hinausgehendes Aufsichtsrecht des Staates anerkennt, so ist es nur eine Frage der Konstruktion und nicht eine Frage grundsätzlicher Meinungsverschiedenheit, ob man dieses Plus an Recht auf die in einem früheren, nicht mehr geltenden Gesetz enthaltene Umschreibung des Aufsichtsrechts bezieht, wie es das Oberverwaltungsgericht will, oder auf ein insoweit noch als in Kraft anzusehendes Gesetz, das die Staatsaufsicht ursprünglich in toto geregelt hatte, wie ich es will. Dem Inhalt und dem Wortlaut nach sind die beiden Rechtsquellen, auf die sich die eine und auf die sich die andere Ansicht stützt, einander so ähnlich, daß man glauben möchte, daß der § 139 der Städteordnung von 1831 den § 191 ALR. II. 6 insoweit lediglich rezipiert hat.

c) Praktische Unterschiede im Ergebnis.

Trotzdem wird man u. U. in Einzelfällen und Einzelheiten zu verschiedenen Ergebnissen kommen können, je nachdem, welcher rechtlichen Konstruktion man sich anschließt.

Eine der wichtigsten Streitfragen, die in diesem Zusammenhang genannt werden muß, ist die, ob das Recht auf Einsetzung von Staatskommissaren allen Kategorien von Gemeinden und Gemeindeverbänden gegenüber gilt oder nicht. Die Provinzialordnungen unterscheiden sich von den übrigen Gemeindeverfassungsgesetzen darin, daß bei ihnen die Vorschrift, die das

---

[6]) Mein Aufsatz im Reichsverwaltungsblatt Bd. 52 S. 30.

Aufsichtsrecht regelt, dahin lautet, »daß die Aufsichtsbehörden mit den ihnen in diesem Gesetz zugewiesenen Mitteln darüber zu wachen haben, daß die Verwaltung den Bestimmungen der Gesetze gemäß geführt und im geordneten Gang erhalten werde« (z. B. § 115 der Provinzialordnung für die östlichen Provinzen). Das Oberverwaltungsgericht hat in einer sehr interessanten Entscheidung (Preuß. Verwaltungsblatt Bd. 49 S. 848) die Einsetzung eines Staatskommissars in dem Falle für zulässig erklärt, wo Provinzorgane die Erfüllung einer Funktion ablehnten, die das Oberverwaltungsgericht als einen Akt der Mitwirkung an der allgemeinen Landesverwaltung ansah. Das OVG. entschied, daß in einem solchen Falle die Einsetzung eines Staatskommissars auf Grund des § 191 ALR. II. 6 zulässig sei, indem es ausdrücklich die Frage unentschieden ließ, ob angesichts des Wortlauts des § 115 der Provinzialordnung dasselbe auch für den Fall gelten würde, daß es sich um einen Akt der Selbstverwaltung handelte. Wenn man sich auf den Standpunkt stellte — dessen Richtigkeit mir an und für sich zweifelhaft ist —, daß die Staatsaufsicht im engeren Sinne über Provinzen sich auf die in der Provinzialordnung selbst gegebenen Mittel beschränkt, würde man auf Grund der Konstruktion des Oberverwaltungsgerichts die Zulässigkeit der Bestellung eines Staatskommissars in einer Selbstverwaltungsangelegenheit einer Provinz vielleicht verneinen müssen. Auf Grund meiner Konstruktion würde man sie auch in diesem Falle bejahen, da es sich um das Staatsaufsichtsrecht im weiteren Sinne handelt, das in der Provinzialordnung überhaupt nicht geregelt ist, sondern nach wie vor seine Rechtsgrundlage im Allgemeinen Landrecht findet.

Ähnlich wird man vielleicht, je nachdem, welcher Konstruktion man sich anschließt, zu verschiedenen Ergebnissen kommen bei der Frage, ob die zusätzlichen Erfordernisse, von denen nach den Gemeindeverfassungsgesetzen die Rechtswirksamkeit eines Gemeindebeschlusses abhängt, auch die Rechtswirksamkeit einer Verfügung des Staatskommissars bedingen. Zu diesen Erfordernissen gehört insbesondere der staatliche Hoheitsakt der Genehmigung. Je mehr man in dem Staatskommissar nur ein besonderes Mittel der Staatsaufsicht im engeren Sinne sieht, desto mehr wird man geneigt sein, in seiner Verfügung nur ein Surrogat für den Gemeindebeschluß zu erblicken, das im übrigen den gleichen Bedingtheiten unterliegt wie dieser. Je mehr man in dem Akte des Staatskommissars etwas von der Selbstverwaltung ganz Verschiedenes, ja ihr Entgegengesetztes sieht, desto mehr wird man es für unnötig, ja widersinnig halten, daß der durch seinen Kommissar unmittelbar selbst handelnde Staat den gleichen Kautelen unterworfen sein soll, die er der Selbstverwaltung gegenüber als staatliche Kautel und Sanktion für nötig befunden hat. Dies gilt jedenfalls insoweit, als es sich um die Genehmigung derselben staatlichen Stelle handelt, die ihrerseits den Staatskommissar einzusetzen und zu instruieren hat. Ohne Rücksicht auf die Verschiedenheit der Konstruktion dagegen wird man zu dem gleichen Ergebnis in den Fällen kommen, in denen das zusätzliche Erfordernis bei einer anderen Stelle liegt als der, die den Staatskommissar einzusetzen und zu instruieren hat. Das gilt z. B. für die Fälle, in denen neben der Genehmigung der unmittelbar zuständigen Aufsichtsbehörde noch die Zustimmung einer höheren staatlichen Stelle, der Aufsichtsbehörde II. Instanz oder der Zentralbehörde vorgesehen ist. Und das gilt weiter für die Fälle, in denen anderen Stellen als den mit der Staatsaufsicht betrauten Aufsichtsbehörden ein Mitwirkungsrecht gegeben ist, z. B. für die Anhörung der Berufsvertretungen im Falle des § 54 des Kommunalabgabengesetzes.

Epilog.

So umstritten die Rechtsfrage war, als wir vor etwa 1 Jahr zum erstenmal wieder uns zur Einsetzung von Staatskommissaren in stärkerem Maße veranlaßt sahen, so einfach ist die Rechtslage heute.

Als wir die Notwendigkeit der Staatskommissare erkannt hatten, war uns daran gelegen, die Notwendigkeit für den Gebrauch dieses außerordentlichen Mittels möglichst einzuschränken. Wir nahmen die Klinke der Gesetzgebung in die Hand und regelten das, was bisher nur auf der alten Städteordnung von 1831 oder dem Allgemeinen Landrecht beruhte, durch eine neue Lex specialis. Für den Fall der Nichteinführung oder Nichterhöhung von Steuern — sei es, daß eine gesetzliche Verpflichtung hierzu besteht, sei es, daß der Ausgleich des Haushalts sie erfordert, schreibt Artikel 3 § 3 des Preußischen Änderungsgesetzes vom 24. März 1931 (Gesetzsamml. S. 25) vor, daß die Aufsichtsbehörde mit Zustimmung der Beschlußbehörde an Stelle der Gemeinde dies tun kann. Ähnlich gibt Art. 5 desselben Gesetzes der Aufsichtsbehörde mit

Zustimmung der Beschlußbehörde das Recht, an Stelle der Gemeinde eine zum Ausgleich des Haushalts erforderliche Nachtragsumlage zu beschließen, ein Recht, das bisher nur bei einem Nichtzustandekommen des ersten Umlagebeschlusses gegeben war.

Wenn wir hier auch die Aufsichtsbehörde selbst unter Mitwirkung der Beschlußbehörde zum Vollstrecker des staatlichen Willens gemacht haben, so ist dies dem Wesen und der Bedeutung nach nichts anderes als die Einsetzung eines Staatskommissars; denn in beiden Fällen geht Handeln und Verantwortung von der Selbstverwaltung auf den Staat über.

Und dann kam die Reichsgesetzgebung: Die zweite Verordnung des Reichspräsidenten zur Sicherung von Wirtschaft und Finanzen vom 5. Juli 1931 (Reichsgesetzblatt Teil I S. 279ff.) schreibt im zweiten Teil Kap. IX § 3 vor, daß für den Fall, daß die Ausgaben einer Gemeinde die Einnahmen übersteigen, die Staatsaufsichtsbehörde dafür zu sorgen hat, daß der Ausgleich durch Senkung der Ausgaben erreicht wird, oder, soweit dies nicht möglich wird, daß alle zur Erhöhung der Einnahmen erforderlichen und zulässigen Maßnahmen ergriffen werden. Verweigert oder unterläßt eine Gemeinde die dazu erforderlichen Beschlüsse, so kann die Staatsaufsichtsbehörde diese Beschlüsse an Stelle der Gemeinde entweder selbst fassen, oder durch einen besonderen Beauftragten (Staatskommissar) fassen lassen. Soweit und solange es die Durchführung der Beschlüsse nötig macht, kann die Verwaltung der Gemeinde an Stelle der zuständigen Gemeindebehörde dem Staatskommissar übertragen werden. Und während diese Vorschrift an und für sich nur für die Zukunft neues Recht schafft, bestimmt § 3 Abs. 2 a. a. O., daß Beschlüsse dieser Art auch dann rechtsgültig sind, wenn die Staatsaufsichtsbehörde oder der Staatskommissar sie vor dem Inkrafttreten der Verordnung gefaßt haben.

Damit sind die Staatskommissare für die Zukunft und für die Vergangenheit reichsrechtlich sanktioniert. Die Rechtsfrage und die Frage der rechtlichen Konstruktion ist damit in der Hauptsache begraben. Was aber lebendig und äußerst aktuell bleibt, das ist die von mir im ersten Teil meines Vortrages geschilderte grundsätzliche Veränderung im Verhältnis zwischen Selbstverwaltung und Staat. Soweit sie auf der natürlichen Entwicklung beruht, auf dem Fortfall der früheren Isoliertheit, auf der engen Verflochtenheit der Gemeindewirtschaft mit der allgemeinen

Wirtschaft, auf dem Interesse, das auch örtliche Angelegenheiten für die Allgemeinheit besitzen, wird diese Veränderung bleiben, und wird man ihr in der Verwaltungspraxis, in der Rechtsprechung, in der Gesetzgebung Rechnung tragen müssen. Soweit aber die Veränderung auf der Beeinträchtigung der Selbstbestimmung der Gemeinden beruht und auf dem mit ihr eng zusammenhängenden Schwunde der Verantwortlichkeit, können wir nur auf das dringendste hoffen. daß dieses Übel an der Wurzel gepackt und daß die Selbstverantwortung wieder dahin verlegt wird, wo sie sein muß, wenn es eine Selbstverwaltung geben soll.

Die letzten Änderungen des kommunalen Finanzrechts und die Wege aus der Finanznot der Gemeinden.

Von Dr. **Surén,**
Ministerialrat im Preußischen Ministerium des Innern.

Die ersten Ansätze zu einer Reform des kommunalen Finanzrechts nach Beendigung der Inflation finden sich bereits in dem Reichsgesetz über Änderungen des Finanzausgleichs zwischen Reich, Ländern und Gemeinden vom 10. August 1925 (RGBl. I S. 254), durch dessen § 8 ein besonderes Reichsgesetz über die Erhebung selbständiger Anteile an der Einkommen- und Körperschaftssteuer durch Länder und Gemeinden an Stelle des Systems der Überweisungen für die Zeit vom 1. April 1927 angekündigt wurde. Bekanntlich ist die Erfüllung dieses Versprechens nicht erfolgt, vielmehr zunächst durch das Gesetz zur Übergangsregelung des Finanzausgleichs zwischen Reich, Ländern und Gemeinden vom 9. April 1927 (RGBl. I S. 91) bis zum 1. April 1929 und zuletzt durch den Fünften Teil Art. 9 der Verordnung des Reichspräsidenten vom 1. Dezember 1930 (RGBl. I S. 517) bis 1932 hinausgeschoben worden. Das gesetzgeberische Motiv für den geplanten Übergang vom Überweisungssystem zum Zuschlagsystem findet seinen Ausdruck in § 6 des erwähnten Gesetzes von 1925, der die Landesregierung oder die von ihr beauftragte Behörde berechtigte, die der Gemeinde (Gemeindeverbande) landesrechtlich zugewiesenen Anteile an Einkommen- und Körperschaftssteuer zu kürzen, wenn eine Gemeinde (Gemeindeverband) den Bedarf, der aus Steuern, sonstigen Abgaben und Überschüssen der Betriebsverwaltungen zu decken sei, »über den entsprechenden Bedarf des Jahres 1914 hinaus über Gebühr anspanne«. Also bereits in dieser Vorschrift erhebliches Mißtrauen gegen die Finanzgebarung der Gemeinden, das auch aus einer Bestimmung des erwähnten Gesetzes von 1927 hervorleuchtet, die den Ländern ausdrücklich die Verpflichtung auferlegt, in ihren Bestimmungen über die eigene Realbesteuerung, über die Bemessung der Gemeindeanteile an den Reichssteuern sowie über die eigenen Steuern der Gemeinden (Gemeindeverbände) Vorsorge dafür zu treffen, daß die Mehrerträge der Überweisungen aus Einkommensteuer, Körperschaft- und Umsatzsteuer, die über einen gewissen Betrag hinausgingen, in erster Linie zur Senkung der Realsteuern unter das am 31. März 1927 gegebene Maß verwendet würden.

Die schon damals beobachtete ständige Steigerung der Realsteuern erschien auch in der Tat nicht immer in dem wirklich notwendigen Bedarf der Gemeinden, sondern vielfach in einem übertriebenen Betätigungsdrange der gemeindlichen Körperschaften begründet, dem nicht genügend innere Widerstände gegenüberstanden, weil die Einnahmen aus der Einkommen-, Körperschaft- und Umsatzsteuer kraft der schlüsselmäßigen Zuweisung den Gemeinden ohne Rücksicht auf den örtlichen Bedarf zuflossen und es hinsichtlich der Realsteuern an einer organischen Bremse fehlte, wie sie z. B. in Preußen vor der Verreichlichung der Besteuerung des Einkommens in Gestalt der sogenannten Miquelschen Relation, d. h. der Vorschrift des § 54 KAG., bestanden hatte. Nach dieser Vorschrift waren die Realsteuern in der Regel mindestens zu dem gleichen und höchstens zu einem um die Hälfte höheren Prozentsatze zur Kommunalsteuer heranzuziehen, als Zuschläge zur Staatseinkommensteuer erhoben wurden. Die Wirkung einer solchen organischen Bremse ließ sich auch durch aufsichtsbehördlichen Druck nicht ersetzen, wie er jedenfalls in Preußen in vielen Sparerlassen, »Osterbotschaften« genannt, weil regelmäßig zu Beginn des neuen Rechnungsjahres um Ostern herum erscheinend, seinen nicht immer willkommenen Ausdruck fand. Die dauernd steigende Anspannung der Realsteuern mußte notwendigerweise dazu führen, daß man von dem die Realsteuern und insbesondere die Gewerbesteuer allein rechtfertigenden Gedanken von Leistung und Gegenleistung immer mehr abkam, so daß die Realsteuern schließlich, ohne jede Rücksicht auf das Gleichgewicht von Leistung und Gegenleistung erhoben, nichts anderes mehr darstellten als die bis auf den Boden ausgeschöpfte Reserve der Gemeinden, neben der als beweglicher Faktor im Gemeindehaushalt nur noch die Überschüsse aus werbenden Betrieben eine beschränktere

Rolle spielten. Dabei lag es in der Zusammensetzung der gemeindlichen Körperschaften begründet, daß sich bei der Anspannung der Realsteuern zunächst das Bestreben geltend machte, die Gewerbesteuer im Verhältnis zur Grundvermögensteuer und auch die Hilfsmaßstäbe der Gewerbesteuer (Kapitalsteuer und Lohnsummensteuer) im Verhältnis zur Gewerbesteuer vom Ertrage unbedenklicher und stärker zu belasten. Die gleiche Beobachtung war hinsichtlich der Grundvermögensteuer vom unbebauten Grundbesitz im Verhältnis zur Grundvermögensteuer vom bebauten Grundbesitz zu machen, ohne daß nach dem Grundsatz von Leistung und Gegenleistung, wie er auch in § 20 KAG. seinen gesetzgeberischen Ausdruck gefunden hat, eine unterschiedliche Belastung innerhalb der Gemeinde gerechtfertigt erschien. Soweit Preußen in Betracht kommt, wurde deshalb seitens der Zentralinstanzen bei Gelegenheit der bei ihnen zwecks Genehmigung zur Vorlage gelangenden Steuerverteilungsbeschlüsse immer stärker darauf hingewirkt, daß eine solche unterschiedliche, mit den Grundsätzen des KAG. in Widerspruch stehende Belastung unterbleibe. Endlich hat auf Grund mehrerer Entschließungen des Preußischen Landtages der RdErl. vom 13. Dezember 1928 (MBliV. S. 1187) alle Aufsichts- und Genehmigungsbehörden auf den nach wie vor bestehenden Grundsatz hingewiesen, daß eine unterschiedliche Belastung nur aus besonderen örtlichen Verhältnissen heraus, wie sie das KAG. im Auge habe, zu rechtfertigen und deshalb nicht zuzulassen sei, wo solche Verhältnisse nicht vorlägen. Damit sollte natürlich nicht nur das Ergebnis erzielt werden, daß den formalen Vorschriften des Gesetzes entsprochen werde, sondern zugleich, soweit dadurch möglich, eine vorsichtige Finanzgebarung der Gemeinden sicherzustellen, weil an der Niederhaltung der Grundvermögensteuer vom bebauten Grundbesitz, die, soweit sie 100 v. H. der Staatssteuer übersteigt, auf die Mieter umgelegt wird, und der Gewerbesteuer vom Ertrage ein erheblich größerer Teil der Gemeindevertreter unmittelbar interessiert ist, als an der Niederhaltung der Gewerbesteuer vom Kapital oder der Lohnsumme und der Grundvermögensteuer vom unbebauten Grundbesitz. Es lag also schon darin der Versuch, die seit der Verreichlichung der Einkommensbesteuerung und der damit verbundenen Ausschaltung der Miquelschen Relation in dem System der Gemeindefinanzpolitik fehlende organische Bremse solange zu ersetzen, bis durch Verwirklichung des oben erwähnten reichsrechtlichen Versprechens etwas Gleichwertiges an ihre Stelle gesetzt sei. Wenn schließlich auch die so in der Verwaltungspraxis geschaffenen Hemmnisse das ständige Steigen der Realsteuern nicht verhindern konnten, so ist dies der stärkste Beweis dafür, daß diese ständige Steigerung doch ausschlaggebend durch Umstände von außen her beeinflußt wurde, die zu meistern — jedenfalls aus eigener Kraft zu meistern — den Gemeinden nicht gegeben war.

Diese Umstände waren sowohl auf der Einnahme- wie auf der Ausgabeseite zu finden. Auf der Einnahmeseite war zunächst die wiederholte Verlängerung der grundlegenden Finanzgesetze für die Gemeinden auch rein materiell nicht ohne Nachteil geblieben. Hinsichtlich der Überweisungssteuern hatte sich im Laufe der Zeit außer einem Rückgang der Beteiligungsquote der Länder und Gemeinden bei der Einkommen- und Körperschaftsteuer von 90 auf 75% und bei der Umsatzsteuer von 35 auf 30% und neben dem Fortfall gewisser General- und Spezialgarantien sozusagen als Usus herausgebildet, dem Reiche wegen seiner Finanznöte ein Voraus sicherzustellen. Schon nach dem Gesetz über die Feststellung des Reichshaushaltsplanes für das Rechnungsjahr 1929 vom 29. Juni 1929 (RGBl. II S. 443) sollte das Reich aus dem Aufkommen der Einkommen-, Körperschaft- und Umsatzsteuer ein Voraus von 120 Millionen RM. erhalten. Dieses Voraus hat sich allerdings nicht verwirklicht, weil der Reichsrat es durchgesetzt hatte, daß seine Gewährung von der Erreichung eines Mindestaufkommens abhängig gemacht werde, dieses Mindestaufkommen aber nicht erreicht wurde. Auch in dem Reichshaushaltsgesetz vom 30. März 1931 (RGBl. II S. 32) ist bekanntlich ein Voraus des Reiches insofern vorgesehen, als von dem Anteil der Länder und Gemeinden an den Überweisungssteuern ein Betrag von 100 Millionen RM. abgezogen und dem Reich zur Verfügung gestellt, den Ländern und Gemeinden aber dafür nur ein Betrag von 50 Millionen RM. aus Reichsbahnaktien erstattet wird. Abgesehen davon aber sank das Aufkommen an den Reichsüberweisungssteuern beständig. Auch die ständige Verlängerung der preußischen Realsteuergesetze, die sich aus dem immer wieder bevorstehenden und immer wieder hinausgeschobenen Inkrafttreten des geplanten Steuervereinheitlichungsgesetzes erklärte, ging nicht ohne Verluste für die Gemeinden ab, weil der Gesetzgeber sich diese Verlängerung in der Regel nur durch die Konzession weiterer Zwischenstaffeln, Freigrenzen, Verlustvorträge, Stundungs- und Niederschlagungsgebote abringen ließ mit dem Ergebnis, daß schon 1929 von der Gewerbeertragsteuer rund 40% der Betriebe, von der Gewerbekapitalsteuer rund 70% der Betriebe und ebensoviel von der Lohnsummensteuer befreit waren. Auch dies führte zum dauernden Rückgang der Grundbeträge und zu der Notwendigkeit, die Realsteuern zu erhöhen, um das gleiche Aufkommen zu erzielen. Für die übrigbleibenden Pflichtigen wurde damit der Druck durch die Gewerbesteuer um so größer, der Widerstand gegen sie um so stärker. Eine Erhöhung der Grundbeträge brachte dann allerdings die Einbeziehung der freien Berufe in die Gewerbesteuer durch das Gesetz von 1930, die gegen den Vorschlag der Staatsregierung erfolgt ist. Neben dem Bestreben, auf diese Weise den Gesamtbetrag der Grundbeträge zu erhöhen und damit die Belastung des verengerten Kreises der Pflichtigen zu erleichtern, wird bei manchen Verfechtern der Einbeziehung der freien Berufe in die Gewerbesteuer auch das taktische Ziel mitbestimmend gewesen sein, die Reihe der Gegner gegen die Gewerbesteuer durch zahlreiche, besonders im öffentlichen Leben stehende prominente Vertreter zu verstärken.

Diesen Verlusten auf der Einnahmeseite standen die Steigerungen auf der Ausgabeseite gegenüber, die ihre Quelle in den ständig steigenden Ausgaben für die Wohlfahrtserwerbslosen hatten, so daß die finanzielle Katastrophe auf dem Gebiete der Gemeindefinanzen schon 1930 eingetreten wäre, wenn nicht die nunmehr zu streifenden Möglichkeiten eröffnet worden wären.

Der Tatsache, daß die Finanzlage der Gemeinden und Gemeindeverbände seit dem Winter 1929 so entscheidend unter dem Einfluß der wachsenden Ausgaben für Wohlfahrtserwerbslose stand, daß auch die Folgen der vielerorts in die Tat umgesetzten Überschätzung ihrer eigenen wirtschaftlichen Kräfte dahinter zurücktraten, hatte sich das Reich nicht länger entziehen können und deshalb gegenüber der bisherigen Praxis der Reichsgesetzgebung, nur auf die Finanzlage des Reiches zu schauen, zunächst durch Art. VIII des Gesetzes zur Änderung des Biersteuergesetzes vom 15. April 1930 und durch § 15 des Mineralwassersteuergesetzes vom 15. April 1930 (RGBl. I S. 139) den Ländern zu den bisherigen Überweisungen aus der Einkommen-, Körperschaft- und Umsatzsteuer solche aus der Biersteuer und aus der Mineralwassersteuer eröffnet. Durch die Novelle vom 19. Juli 1930 zum Preußischen Ausf.Ges. zum Finanzausgleichgesetz wurden die ersteren je zur Hälfte dem Lande und den Gemeinden (nicht den Gemeindeverbänden), die letzteren ganz den Gemeinden (nicht den Gemeindeverbänden) zugewiesen. Die Hälfte der Biersteuerüberweisungen setzte den Staat für 1930 in stand, den Fonds zur Behebung der Not in den Grenzprovinzen in Höhe von 15 Millionen RM. in seinen Haushalt einzusetzen. Die den Gemeinden zufallenden Überweisungen aus der Biersteuer und der Mineralwassersteuer wurden mit ihrem Anteil aus der Einkommen- und der Körperschaftsteuer zusammengeworfen und ermöglichten ohne Minderung des verbleibenden freien Anteils an den Überweisungen die Verbesserung des Lastenausgleichs auf dem Gebiete des Volksschulwesens durch Erhöhung des Vorabzugs für die Landesschulkasse von $^{2}/_{40}$ auf $^{5}/_{40}$ des »reinen Gemeindeanteils«. Hierbei hätte der Gesetzgeber so verfahren können, daß er die neuen Überweisungen aus der Biersteuer, soweit sie den Gemeinden zufielen, und aus der Mineralwassersteuer unmittelbar der Landesschulkasse zuführte und es im übrigen beim Abzug von $^{2}/_{40}$ von den wirklichen Einkommen- und Körperschaftsteuerüberweisungen beließ. Dann wäre aber die Verbesserung des Volksschullastenausgleichs völlig abhängig gewesen von dem Schicksal, das den Biersteuerüberweisungen und den Mineralwassersteuerüberweisungen von Reichs wegen zuteil würde. Mit ihrer Minderung oder Beseitigung wäre auch der für notwendig erachtete Volksschullastenausgleich wieder gemindert oder beseitigt worden. Bei der gewählten Methode wurde die einmal erreichte Verbesserung, unabhängig von dem Schicksal der neuen Überweisungen, fest verankert, und trat so zu dem Polizeilastenausgleich hinzu, den der § 9 des Polizeikostengesetzes vom 2. August 1929 (GS. S. 162) geschaffen hatte.

Da sich die den Gemeinden durch die neuen Überweisungen gewährte Hilfe von vornherein als unzureichend erwies, eröffnete ihnen die Verordnung des Reichspräsidenten vom 26. Juli 1930 (RGBl. I S. 311) neue Einnahmen in der erhöhten Biersteuer, der Getränkesteuer und der Bürgersteuer.

Die Biersteuer war den Gemeinden und Gemeindeverbänden in § 15 des Reichsfinanzausgleichgesetzes erhalten geblieben. Durch das Reichsgesetz zur Übergangsregelung des Finanzausgleichs zwischen Reich, Ländern und Gemeinden von 1927 hatte dieses altüberlieferte Recht aber eine reichsrechtliche Beschränkung auf die Fälle erfahren, in denen sichergestellt war, daß die Neueinführung oder Erhöhung der Biersteuer durch entsprechende Steuersenkungen auf anderen Gebieten, insbesondere auf dem Gebiete der Grund- und Gewerbesteuern ausgeglichen wurde (§ 15 Abs. 2 RFAGG. in neuer Fassung). Bekanntlich hatten sich Preußen und mehrere andere Länder auf den Standpunkt gestellt, daß diese reichsrechtliche Voraussetzung schon erfüllt sei, wenn durch Einführung oder Erhöhung der Biersteuer neue Realsteuererhöhungen vermieden würden, ein Standpunkt, der vom OVG. geteilt worden ist. Diese neue (oder wie sie auch genannt wird) erhöhte Biersteuer unterscheidet sich von der alten in drei Punkten: 1. Gemeindeverbände dürfen sie nicht erheben, 2. sie ist nach der Menge bemessen, während die alte nach dem Herstellerpreise erhoben wurde, 3. die Steuerordnung kann am Beginn eines Kalendermonats in Kraft gesetzt werden, während dies bei der alten Biersteuer nur für den Beginn eines Kalendervierteljahres möglich war.

Die Getränkesteuer war auch ein alter Bekannter; der § 14 RFin.Ausgl.Ges. in der Fassung vom 23. Juni 1923 hatte sie ausdrücklich den Gemeinden überlassen. Dann aber wurde die Besteuerung der Mineralwasser verboten und schließlich durch das mehrfach erwähnte Reichsgesetz vom 9. April 1927 die ganze Getränkesteuer aufgehoben. Die neue Getränkesteuer nach der Notverordnung des Reichspräsidenten ist aber gegenüber der alten noch stark erweitert; sie läßt nur Milch und, weil es der Biersteuer unterworfen ist, Bier frei. Andererseits ist ihre Einführung an erschwerte Voraussetzungen geknüpft. Die Gemeinde, die zur Einführung der Getränkesteuer schreitet, muß durch Wohlfahrtsausgaben besonders belastet sein, und mindestens gleichzeitig muß sie die neue Biersteuer eingeführt haben.

Handelte es sich also bei der Biersteuer und der Getränkesteuer nur um ein Zurückgreifen auf alte indirekte Steuern, so war die gleichzeitig eingeführte direkte Bürgersteuer eine neue Erfindung nach Muster des in Bayern zur Einführung gelangten Verwaltungskostenbeitrages, einer Kopfsteuer. Ihr Grundgedanke ist der, alle wahlberechtigten Einwohner einer Gemeinde an deren Finanzwirtschaft zu interessieren. Dem gleichen Wahlrecht entsprechend, war demgemäß ursprünglich auch die Höhe der Bürgersteuer für alle Pflichtigen gleich gedacht, und es war nur eine politische Konzession, wenn sich die Reichsregierung schließlich doch noch zu einer nicht unerheblichen Staffelung nach der Höhe des Einkommens entschloß.

Nicht allein der Wunsch, den Gemeinden neue Einnahmen zu verschaffen, war jedoch die Absicht der Reichsregierung, als sie die neue Biersteuer, die Getränkesteuer und die Bürgersteuer einführte, vielmehr ging ihre Tendenz dahin, zur Erzwingung allergrößter Sparsamkeit in den Gemeinden und möglichsten Verhinderung weiterer Erschöpfung der überlasteten Realsteuern deren Steigerung zu erschweren. Deswegen wurde durch die Verordnung vom 26. Juli 1930 die Einführung der erhöhten Biersteuer oder der Bürgersteuer den Gemeinden für den Fall zur Pflicht gemacht, daß die Realsteuerzuschläge für die Zeit nach dem 1. August 1930 höher seien als für die Zeit vor dem 1. August 1930 — also der Versuch, der Finanzgebarung der Gemeinden eine neue Bremse als Ersatz der alten Miquelschen Relation einzufügen. Angesichts des Umstandes, daß viele Gemeinden selbst dort, wo die Voraussetzungen einer reichsrechtlichen Verpflichtung vorlagen, sich vielfach nicht entschließen konnten, die erhöhte Biersteuer oder die Bürgersteuer einzuführen, mußte in dem preußischen Erlaß vom 18. Oktober 1930 (MBliV. S. 925), betreffend Sicherstellung der Erfüllung der reichsrechtlichen Verpflichtung, das erstemal ganz allgemein auf die Möglichkeit und Notwendigkeit hingewiesen werden, in solchen Fällen Kommissare zu bestellen. Damit nahm das Kommissarwesen seinen Anfang. Um die Notwendigkeit der vielfach umstrittenen Kommissarbestellung möglichst einzuschränken, ermächtigte dann das Preußische Gesetz vom 28. November 1930 (GS. S. 284) die Aufsichtsbehörden für die Fälle reichsrechtlicher Verpflichtung, mit Zustimmung der Beschlußbehörde die erhöhte Biersteuer oder die Bürgersteuer einzuführen, und zwar die Biersteuer durch Einführung der neu herausgegebenen Musterordnung als örtlicher Steuerordnung bis zur Beschlußfassung der Gemeinde über die Zuschläge für das nächste Rechnungsjahr, die Bürgersteuer für das laufende Rechnungsjahr. Weil aber damals schon der Entwurf zu Vorschriften über die Realsteuersperre und Realsteuersenkung vorlag und angesichts der von der Reichsregierung betriebenen Preissenkungspolitik insbesondere jede Erhöhung der Realsteuern außerordentlich unerwünscht erschien, weil ferner die Reichsregierung ihrerseits schon damals forderte, daß vor einer weiteren Erhöhung der Realsteuern auf die neuen Einnahmen zurückgegriffen werde, gab das Novembergesetz den Aufsichtsbehörden zugleich die Ermächtigung, mit Zustimmung der Beschlußbehörde die Bier- oder die Bürgersteuer oder beide Steuern in entsprechender Weise auch einzuführen, wenn dies außerhalb einer reichsrechtlichen Verpflichtung lag, aber zum Ausgleich des Haushaltes erforderlich sei. Unter den gleichen Voraussetzungen wurde ihnen die Befugnis verliehen, die Getränkesteuer einzuführen, diese aber erst an dritter Stelle, also bei mindestens gleichzeitiger Einführung der erhöhten Biersteuer und der Bürgersteuer und selbstverständlich nur bei Vorliegen der besonderen Voraussetzungen, an die nach dem Reichsrecht die Einführung der Getränkesteuer geknüpft ist. Diese Ermächtigung an die Aufsichtsbehörden wurde bewußt dem § 59 KAG. nachgebildet, nach dessen Absatz 1 die Aufsichtsbehörde berechtigt ist, mit Zustimmung der Beschlußbehörde die Realsteuersätze (nicht nur das Verhältnis der Realsteuerzuschläge zueinander) zu bestimmen, wenn die Gemeinde innerhalb der ersten drei Monate des Rechnungsjahres einen gültigen, d. h. nötigenfalls auch genehmigten und zugelassenen Steuerverteilungsbeschluß nicht gefaßt hat. Leider wurde der Zweck des Gesetzes, die sehr umstrittene Kommissarbestellung durch ein geregelteres Verfahren zu ersetzen, für viele Fälle dadurch illusorisch gemacht, daß durch Beschluß des Landtages in den Gesetzentwurf eine Vorschrift eingefügt wurde, nach der die zwangsweise Einführung der erwähnten Steuern zu Zwecken des Haushaltsausgleichs, also außerhalb einer reichsrechtlichen Verpflichtung, nur erfolgen durfte, wenn die Realsteuern gewisse Grenzen überschritten; in diesen Fällen konnten also Aufsichts- und Beschlußbehörde in allen den Fällen von der Ermächtigung des Gesetzes nicht Gebrauch machen, in denen jene Grenze der Realsteuern noch nicht erreicht wurde. Da nun andererseits eine weitere Erhöhung der Realsteuern der ganzen Politik der Reichsregierung entgegengesetzt erschien, war es untunlich, in allen diesen Fällen zunächst eine Erhöhung der Realsteuern auf die vom Landtage eingefügte Grenze vorzunehmen, um so die Voraussetzung für den Gebrauch der Ermächtigung zu schaffen. Wo die Mindestgrenze nicht erreicht war, versagte also das Gesetz, und das erklärt zu allermeist die hohe Zahl der Fälle, in denen im Rechnungsjahre 1930 zur Kommissarbestellung zwecks Einführung der neuen Steuern geschritten werden mußte.

Der Möglichkeit, die Einführung der neuen Steuern in den Gemeinden, deren Finanzlage es erforderte, auf diese oder jene Art zu erzwingen, ist es hauptsächlich zu verdanken, daß es im Rechnungsjahre 1930 zu einem Kassenzusammenbruch in keiner Gemeinde kam. Daneben half noch die Möglichkeit zur Aufbringung der erforderlichen Kassenmittel durch Steigerung der inneren Verschuldung, worunter man die Aufzehrung der Fonds versteht, und der äußeren Verschuldung, auch der Heranziehung des Sparkassenkontingents in der zulässigen Höhe unter Rücksichtnahme auf die erforderliche Liquidität. Für das letzte Vierteljahr 1930 kamen die Ersparnisse aus der Gehaltskürzung hinzu, und in vielen Fällen, namentlich bei kleineren und mittleren Gemeinden, kamen gerade rechtzeitig die Verwaltungskostenzuschüsse zu Hilfe, die von Reichsbahn und Reichspost endlich auf Grund des Reichsgesetzes über die Pauschalierung der Verwaltungskostenzuschüsse vom 17. Juli 1930 (RGBl. I S. 215) gezahlt werden mußten, nachdem das zugrunde liegende Reichsgesetz über die gegenseitigen Besteuerungsrechte zwischen Reich, Ländern und Gemeinden vom 10. August 1925 (RGBl. I S. 252) in seinem diesbezüglichen Teile bis dahin deswegen unausführbar gewesen war, weil das Reichsbahnschiedsgericht seine Anwendung auf die Reichsbahn wegen Verstoßes gegen das Verbot ihrer Belastung mit neuen Steuern verneint, trotzdem sie das Oberverwaltungsgericht unter Verneinung eines solchen Verstoßes bejaht hatte. Außerdem bestand schon damals die Möglichkeit, in den Fällen, in denen trotz Ausschöpfung aller eigenen Hilfsmittel ein Kassenzusammenbruch drohte, durch Gewährung von staatlichen Beihilfen das schlimmste zu verhindern, so gering diese Mittel an und für sich auch waren. Betrugen sie doch im ganzen für das Rechnungsjahr 1930 nur rund 12 Millionen RM., nämlich 8 Millionen aus der in § 39 des PAG. FAG. vorgesehenen Abzweigung von den zur zentralen Ausschüttung bestimmten Mitteln der Hauszinssteuer und 4 Millionen aus dem für kommunale Haushaltszwecke reservierten Teil des oben erwähnten, für 1930 in den Haushalt des Ministeriums des Innern eingesetzten Fonds von 15 Millionen RM. für die Gemeinden und Gemeindeverbände in den Grenzprovinzen.

In verschiedenen Einzelfällen kam schließlich noch die Möglichkeit zu statten, welche die Zweite Verordnung des Reichspräsidenten vom 1. Dezember 1930 für eine Erhöhung der Realsteuern bis zum 31. Dezember 1930 offen ließ. Weil diese Verordnung, statt wie zuerst vorgesehen, eine Realsteuererhöhung nicht nur bis zum 1. Dezember 1930, sondern bis zum 31. Dezember 1930 zuließ, so geschah dies — so entgegengesetzt auch jede einzelne Realsteuererhöhung der Politik der Reichsregierung war — doch zu dem ausgesprochenen Zweck, in den unvermeidlichsten Fällen auch diese Möglichkeit zur Balanzierung der Haushalte noch offenzuhalten. Also haben die Gemeinden, die im Rahmen der durch ihre Finanzlage gebotenen Notwendigkeiten von dieser Möglichkeit Gebrauch gemacht haben, nur ihr gutes Recht ausgeübt, und es ist falsch, wenn weite Kreise der Öffentlichkeit den Gemeinden dieserhalb den Vorwurf gemacht haben, sie hätten die Realsteuersperre sabotiert. Die Reichsverordnung ließ sogar ausdrücklich zu, daß bis zum 31. Dezember 1930 schon die Steuersätze für das Rechnungsjahr 1931 nach Maßgabe der landesrechtlichen Bestimmungen beschlossen und eventuell genehmigt würden mit dem Ergebnis, daß die so festbestimmten Sätze bei der Gemeinde die Ausgangssätze für 1931 darstellen; von dieser Möglichkeit ist hinsichtlich der Stadt Berlin und der Stadt Breslau sogar durch eigenste Eingriffe der Zentralinstanzen Gebrauch gemacht worden, um den Bedarf dieser Städte für das Rechnungsjahr 1931 im Rahmen der noch erträglichen Realsteuersätze sicherzustellen.

Im übrigen zog die Verordnung vom 1. Dezember 1930 mit ihren Vorschriften über die Realsteuersperre und Realsteuersenkung nur das Fazit aus der geschilderten Entwicklung der Realsteuern. Sie machte mit dem 31. Dezember 1930, unbeirrt um alle Bedenken, einfach einen dicken Strich unter die dauernde Realsteuererhöhung, um eine Gefährdung der von ihr erstrebten Wiederankurbelung der Wirtschaft von dieser Seite her zu verhindern. Sie bestimmte deshalb, daß für die Zeit vom 1. April 1931 in keiner Gemeinde und in keinem Gemeindeverbande höhere Realsteuerzuschläge erhoben werden dürften, als am 31. Dezember 1930 rechtswirksam, d. h. unter Erteilung der etwa erforderlichen Genehmigung und Zustimmung bis zu diesem Tage, beschlossen waren. Über die Sätze in dieser Höhe, die sogenannten »Ausgangssätze«, durfte eine Gemeinde im Rechnungsjahre

1931 nicht hinausgehen. Sie durfte also auch im Rechnungsjahre 1931 keinerlei Realsteuerzuschläge erheben, wenn sie 1930 keine erhoben hatte. Nur drei Ausnahmen waren zugelassen: einmal für den Fall, daß bis zum 31. Dezember 1930 für das Rechnungsjahr 1930 ein rechtswirksamer Steuerverteilungsbeschluß überhaupt nicht zustande gekommen war; in diesem Falle galten als Ausgangssätze für das Rechnungsjahr 1931 die für das Rechnungsjahr 1930 nach dem 31. Dezember 1930 erstmalig rechtswirksam beschlossenen oder von der Aufsichtsbehörde festgesetzten Realsteuerzuschläge. Dann für die Fälle, in denen die ursprünglich für das Rechnungsjahr 1930 zur Erhebung gelangten Sätze aus Mitteln der sogenannten Osthilfe nachträglich herabgesetzt worden waren, also in den Fällen der besonderen Realsteuersenkung in den Ostgebieten. Schließlich in den Fällen, in denen die Realsteuerzuschläge bis zum 31. Dezember 1930 gegenüber den erstmaligen Steuerverteilungsbeschlüssen aus anderen Gründen gesenkt worden waren, z. B. in Preußen gelegentlich solcher Zuwendungen aus dem § 11 Abs. 3 PAG. FAG., die an die Bedingung geknüpft worden waren, daß die Realsteuern in bestimmter Höhe herabgesetzt würden. In diesen beiden Fällen gelten als Ausgangssätze für das Rechnungsjahr 1931 die Sätze nicht in der Höhe, die sie nach der Senkung, sondern in der Höhe, die sie vor der Senkung hatten.

Um die Realsteuersperre nicht praktisch gegenstandslos machen zu lassen, mußte die Möglichkeit ausgeschlossen werden, nach dem 31. Dezember 1930 Nachtragsumlagen zu beschließen. Dies hätte nämlich, wie auch vielfach beabsichtigt war, den Gemeinden die Möglichkeit gegeben, noch vor Schluß des Rechnungsjahres 1930 eine Nachtragsumlage für das Rechnungsjahr 1930 in der Absicht zu beschließen, sie neben den für das Rechnungsjahr 1931 an Hand der Ausgangssätze zulässigen Realsteuern zu erheben und so die Höhe der im Rechnungsjahre 1931 zahlbaren Realsteuerzuschläge entgegen den Absichten des Gesetzes über das Maß der im Rechnungsjahre 1930 zahlbar gewesenen Realsteuern hinaus zu erhöhen. Deshalb haben die Durchführungsbestimmungen zur Realsteuersenkung im Rechnungsjahre 1931 vom 20. Dezember 1930 (RGBl. I S. 656) in § 5 Abs. 2 das Verbot des Beschlusses solcher Nachtragsumlagen ausgesprochen. Die Berechtigung dieses Verbots durch Durchführungsbestimmungen ist sehr umstritten worden, aber mit Unrecht. Denn »Durchführungsbestimmungen« sind im Gegensatz zu »Ausführungsbestimmungen« nach der Rechtsprechung des Reichsfinanzhofs in der Lage, auch Lücken im Gesetze auszufüllen. Die Ermächtigung, die der Gesetzgeber mit der Ermächtigung zu »Durchführungsbestimmungen« gibt, enthält nach der Rechtsprechung des Reichsfinanzhofs das Anerkenntnis, daß die Regelung des Gesetzes noch Lücken offen lasse, die in den Durchführungsbestimmungen zu schließen seien.

Über die Realsteuersperre hinaus hat die Verordnung des Reichspräsidenten vom 1. Dezember 1930 bekanntlich eine Senkung der Realsteuern vorgeschrieben, und zwar, ausgehend von den Ausgangssätzen in jeder Gemeinde, eine Ermäßigung dieser Ausgangssätze um den zehnten Teil bei der Grundvermögensteuer und um den fünften Teil bei der Gewerbesteuer. Dabei war die Möglichkeit vorgesehen, unter bestimmten Voraussetzungen diese Senkung auf die Grundvermögensteuer vom unbebauten, zu landwirtschaftlichen, forstwirtschaftlichen oder gärtnerischen Zwecken bestimmten Grundvermögen und auf die Gewerbesteuer zu beschränken; hinsichtlich des bebauten Grundbesitzes hatte dann an Stelle der Senkung der Grundvermögensteuerzuschläge eine Senkung der Hauszinssteuer zu treten; hinsichtlich des unbebauten Grundbesitzes, der nicht landwirtschaftlichen, forstwirtschaftlichen oder gärtnerischen Zwecken dient, also hinsichtlich der sogenannten Bauplätze, blieb dann die Senkung ausgeschlossen. Aber auch bei einer solchen Beschränkung des Senkungszwanges blieb natürlich die Tatsache bestehen, daß den Gemeinden nicht nur die Möglichkeit genommen war, ihre Finanznot durch Erhöhung der Realsteuern zu mindern, sondern sogar ein empfindlicher Verlust zugefügt wurde, und es fragte sich, wie die Gemeinden für den Ausfall entschädigt werden sollten. Mangels der Möglichkeit, hierfür anderweite Quellen zu öffnen, entschloß sich der Reichsgesetzgeber schließlich, auf das Aufkommen der Gebäudeentschuldungssteuer, in Preußen »Hauszinssteuer« genannt, zurückzugreifen und anzuordnen, daß grundsätzlich die Hälfte des für den Wohnungsbau bestimmten Aufkommens der Hauszinssteuer für Zwecke der Realsteuersenkung zu verwenden sei. Man ging dabei davon aus, daß der Wohnungsbedarf vieler Orte, namentlich in Mittelstädten und kleineren Gemeinden, bereits annähernd gedeckt sei, teilweise sogar ein Überangebot bestände und es deshalb nicht mehr notwendig sei, für alle Gemeinden im bisherigen Umfange Mittel aus der Hauszinssteuer für den Wohnungsbau zur Verfügung zu stellen. Bei stärker zentralisierter Verteilung müsse es möglich sein, auch mit geringeren Mitteln dort, wo nötig, dasselbe wie bisher und erforderlichenfalls noch mehr als bisher am Wohnungsbau zu tun. Dementsprechend war ursprünglich die Absicht des Reichsgesetzgebers, das gesamte Aufkommen der Hauszinssteuer, soweit es für den Wohnungsbau bestimmt ist, der Zentrale zur Verfügung zu stellen, insoweit also eine Beteiligung der Gemeinden am örtlichen Aufkommen der Hauszinssteuer überhaupt auszuschließen, und es der Zentrale zu überlassen, nach bestimmten Grundsätzen und Richtlinien das Geld dorthin zu leiten, wo es der Wohnungsbau noch erfordere. Man ist schließlich mit Rücksicht darauf, daß die Gemeinden schon im weitesten Umfange zu Vorgriffen auf das Hauszinssteueraufkommen der künftigen Jahre geschritten sind, davon abgekommen, ihrer eigenen Initiative das gesamte Aufkommen der Hauszinssteuer für den Wohnungsbau zu entziehen, und hat sich darauf beschränkt anzuordnen, daß die Hälfte zur zentralen Verteilung gelangt. Demgemäß wurden in Preußen von der Hälfte des Aufkommens der für den Wohnungsbau bestimmten Hauszinssteuer den Gemeinden nicht mehr, wie bisher, 7/10 nach dem örtlichen Aufkommen belassen und nur 3/10 in den staatlichen Wohnungsbaufonds übernommen, sondern nur noch 5/10 den Gemeinden überlassen und 5/10 der zentralen Verteilung zugeführt.

Schon eine Senkung der Grundvermögensteuer vom landwirtschaftlichen, forstwirtschaftlichen oder gärtnerischen Grundbesitz um den zehnten Teil und der Gewerbesteuer um den fünften Teil in allen preußischen Gemeinden hätte nun aber eine Zuwendung von etwa 160 Millionen RM. als Entschädigung für die zur Senkung verpflichteten Gemeinden erfordert. Schon um diesen Betrag hätten also die für den Wohnungsbau bestimmten Mittel aus der Hauszinssteuer geschmälert werden müssen, ohne daß etwas zur notwendigen Bildung des Ausgleichsfonds übriggeblieben wäre, den der Reichsgesetzgeber für durch Wohlfahrtsausgaben oder Rückgang der Realsteuergrundbeträge besonders geschädigte Gemeinden allgemein aus Hauszinssteuermitteln geschaffen wissen wollte. Aus diesem Grunde wurde für Länder mit besonders großem Wohnungsbedarf — und das trifft eben auf Preußen zu — zugelassen, daß die Verwendung eines geringeren Bruchteiles, mindestens aber eines Drittels des für den Wohnungsbau bestimmten Hauszinssteueraufkommens zu Zwecken der Realsteuersenkung vorgesehen werden könne. In diesen Fällen könne die Landesregierung bestimmen, daß die Senkungsverpflichtung noch weiter eingeschränkt werde, nämlich auf diejenigen Gemeinden beschränkt werde, die mit ihren Realsteuerzuschlägen nach Maßgabe der Ausgangssätze über dem Landesdurchschnitt vom 31. Dezember 1930 lägen. Das ist für Preußen durch die Verordnung zur Durchführung der Realsteuersenkung vom 26. März 1931 (GS. S. 37) — vgl. dazu den RdErl. vom 27. März 1931 (MBliV. S. 289) — geschehen. Der nunmehr zur Realsteuersenkung erforderliche Betrag macht in Preußen etwa 60 Millionen RM. aus, so daß von dem Drittel, das von dem Wohnungsbauanteil der Hauszinssteuer abgezweigt werden muß, noch etwa der gleiche Betrag — 60 Millionen RM. — für Zwecke des neuen Ausgleichsfonds übrigblieb.

So hatte die Verordnung vom 1. Dezember 1930 nun auch das Ventil der Realsteuern verschlossen und dafür lediglich die Möglichkeit verstärkter Unterstützung notleidender Gemeinden auf Grund individueller Prüfung im Einzelfalle gesetzt. Angesichts der immer steigenden Wohlfahrtsausgaben war es aber schon damals klar, daß hiermit nicht werde durchzukommen sein. Deshalb gab die Dezemberverordnung des Reichs den Gemeinden zugleich das Recht, die neue Biersteuer über die einfachen Sätze hinaus bis zum Doppelten zu erhöhen und die Bürgersteuer mit einem Vielfachen der Mindestsätze zu erheben, und zwar mit einem theoretisch unbegrenzten Vielfachen. Zugleich wurde die Bürgersteuer durch Erweiterung der Staffelung von 7 auf 13 Stufen und nicht unbedeutende Erhöhung der Sätze in den mittleren und oberen Stufen einem System von Einkommensteuerzuschlägen mehr genähert. Die Vorschriften über die zwangsweise Verkoppelung der neuen Steuern mit den Realsteuern wurden erheblich verschärft, indem die Verkoppelung nicht auf die Wahl zwischen Bier- oder Bürgersteuer abgestellt, sondern auf beide gleichzeitig ausgedehnt wurde und außerdem die Verpflichtung festgelegt wurde, diese beiden Steuern mit einem gestaffelten Vielfachen je nach der Höhe der Realsteuern zu erheben. Die preußische Gesetzgebung zog hieraus durch Abänderung des Novembergesetzes in Artikel IV des sogenannten »Änderungsgesetzes 1931« vom 24. März 1931 (GS. S. 25) ihre Konsequenzen insofern, als die Ermächtigung der Aufsichtsbehörden, die neuen Steuern mit Zustimmung der Beschlußbehörde einzuführen, auf die reichsrechtlich zulässigen erhöhten Sätze ausgedehnt wurde und angesichts der Realsteuersperre die dadurch sinnlos gewordene Voraussetzung wieder gestrichen wurde, die der Landtag dem Novembergesetz in Gestalt einer Mindestgrenze der Realsteuern für die Fälle eingefügt hatte, in denen die Ermächtigung zur Einführung nicht zu Zwecken der Erfüllung einer reichsrechtlichen Verpflichtung, sondern lediglich zu Zwecken des Haushaltsausgleichs gebraucht werden sollte. Nunmehr erst kam die Aufsichtsbehörde in die Lage, die neuen Steuern, nötigenfalls mit einem Vielfachen, ganz ohne Rücksicht darauf einzuführen, wie hoch in der Gemeinde die Realsteuern waren.

Nur die Gemeinden selbst wurden durch die Verordnungen des Reichs im Anschluß an den Gedanken der Verkoppelung mit den Realsteuern zur Erhebung der Bier-, Getränke- und Bürgersteuer ermächtigt. Die Lage der Gemeindeverbände dagegen verschlechterte sich sogar dadurch, daß sie das Recht zur Weitererhebung der Biersteuer nach Maßgabe des Reichsfinanzausgleichsgesetzes in allen denjenigen Gemeinden verloren, die die neue Biersteuer zur Einführung brachten. Für diese Fälle hat man in Preußen durch entsprechende Änderung des § 6 des Kreis- und Provinzialabgabengesetzes in Art. II des Gesetzes vom 28. November 1930 (GS. S. 284) die Herbeiführung eines billigen Ausgleichs zwischen Kreis und kreisangehöriger Gemeinde vorgeschrieben, so daß also die Gemeinden, welche eine eigene Biersteuer erheben, während in den übrigen Gemeinden der Kreis die alte Kreisbiersteuer weitererhebt, dem Kreise von dem Aufkommen ihrer Biersteuer etwas abgeben müssen. Dadurch ist die Beteiligung des Landkreises an den neuen indirekten Steuern in Erweiterung der alten Fassung des § 6 a. a. O. hinreichend sichergestellt. Daß diese Sicherstellung gerechtfertigt und nötig war, kann angesichts des Umstandes, daß der Landkreis 70% der Fürsorgelasten zu tragen hat und die neuen Einnahmen gerade zur Erleichterung der Wohlfahrtslasten erschlossen worden sind, niemand bezweifeln. Aber mit der Verbesserung des § 6 war den Landkreisen noch nicht hinsichtlich der Bürgersteuer geholfen. Ihre Finanzlage schien es notwendig zu machen, ihnen auch hieran eine Beteiligung zu sichern. Das geschah in Art. I des oben erwähnten Änderungsgesetzes 1931 dadurch, daß die Kreisumlage durch Änderung der §§ 21 und 22 des Preuß. Ausf.Ges. zum Finanzausgleichgesetz auf die Bürgersteuer als Bemessungsgrundlage ausgedehnt wurde; um die Gemeinden, die eine Bürgersteuer erheben, also offenbar die bedürftigeren sind, vor den anderen, die keine erheben und denen es offenbar besser geht, nicht zu benachteiligen, wurde hinsichtlich letzterer ein Aufkommen an Bürgersteuer fingiert durch die Bestimmung, daß in ihnen als Aufkommen der Bürgersteuer nach dem Landessatze ein Betrag von 2 RM. pro Kopf des Einwohners gilt [1]). Damit ist die Beteiligung der Landkreise an den neuen Einnahmen restlos gesichert worden.

Der Ring wurde dadurch geschlossen, daß die Landkreise auch an den Beträgen, die nach Entschädigung der Gemeinden für die Realsteuersenkung aus den neu abzuzweigenden Mitteln der Hauszinssteuer für den Wohnungsbau im Ausgleichsfonds übrig bleiben, beteiligt werden können, da auf Anregung Preußens eine Vorschrift in das Realsteuersenkungsgesetz (§ 11 Abs. 2 Satz 2 in Art. I des Vierten Teils der Verordnung vom 1. Dezember 1930 — RGBl. I S. 517) aufgenommen wurde, nach der in solchen Ländern, in denen an Stelle oder neben den Gemeinden die Wohlfahrtslasten in erheblichem Umfange von den Gemeindeverbänden getragen werden, der Ausgleichsfonds auch zur Unterstützung solcher Gemeindeverbände verwendet werden darf, die durch Wohlfahrtslasten in besonderem Umfange belastet sind.

Was die übrigen Vorschriften des Realsteuersenkungsgesetzes in ihrer Anwendung auf Gemeindeverbände betrifft, so sei hervorgehoben, daß eine der Realsteuersenkung entsprechende Senkung ihrer Umlagen nicht vorgeschrieben ist, sich aber die Vorschriften über die Realsteuersperre sinngemäß auf ihre Umlagen erstrecken, so daß sie mit ihren Sätzen nicht über den Stand vom 31. Dezember 1930 hinausgehen dürfen. Dabei gilt auch für sie das Verbot der Nachtragsumlagen. Jedoch kann von diesem Verbot zugunsten der Gemeindeverbände mit Genehmigung der Landesregierung aus besonderen Gründen im Einzelfalle abge-

[1]) Auch die Provinzialumlagen sind auf das Aufkommen der Bürgersteuer durch Änderung der §§ 30 und 31 ausgedehnt werden. In Stadtkreisen, die keine Bürgersteuer erheben, gilt ein Betrag von 3 RM. als Aufkommen nach dem Landessatze.

wichen werden. Von dieser Ermächtigung mußte im Rechnungsjahre 1931 in immer steigendem Umfange Gebrauch gemacht werden, wo es die Lage der kreisangehörigen Gemeinden unter Berücksichtigung der ihnen gegebenen Möglichkeit, Biersteuer und Bürgersteuer sowie, wo es das Aufkommen lohnt, auch Getränkesteuer auszuschöpfen, nur irgend zuließ.

Die Gemeinden schritten also in das Rechnungsjahr 1931 bei immer steigenden Wohlfahrtsausgaben, des Ventils der Realsteuern beraubt, in erster Linie angewiesen auf die eigene Kraft zu weiteren Ersparnissen und Abdrosselungen, in zweiter Linie auf eine weitere Ausschöpfung der neuen Quellen und in letzter Linie auf einen Antrag zwecks Erlangung einer Beihilfe aus den Ausgleichsmitteln. Diese Ausgleichsmittel sind in Preußen für das Rechnungsjahr 1931 zwar absolut viel höher als im Rechnungsjahre 1930, denn sie betragen einschließlich der Mittel aus der Abzweigung von der Hauszinssteuer für den Finanzbedarf rund 70 Millionen für 1931 gegenüber den 12 Millionen, die für 1930 zur Verfügung standen; doch relativ sind sie viel geringer, weil die Anforderungen an den Fonds im Rechnungsjahre 1931 viel größer sind als im Rechnungsjahre 1930, denn die Durchschnittszahl der zu unterstützenden Wohlfahrtserwerbslosen in Preußen, die im Rechnungsjahre 1930 495647 betrug, wird für das Rechnungsjahr 1931 mindestens zwischen 900000 und 950000 liegen, und inzwischen haben auch alle diejenigen Gemeinden ihre Reserven sowie ihre inneren und äußeren Kreditmöglichkeiten erschöpft, denen 1930 solche noch zur Verfügung standen. Unter diesen Umständen war es entgegen vielfachen Strömungen völlig ausgeschlossen, die Ausgleichsmittel ganz oder teilweise schlüsselmäßig zu verteilen, soviel sich auch gegen eine Verteilung auf Grund individueller Prüfung mit der Zweifelhaftigkeit hundertprozentiger Richtigkeit des Ergebnisses einwenden und mit wieviel persönlichen Unannehmlichkeiten sie auch für die um eine Beihilfe einkommende wie für die über das Gesuch entscheidende Behörde verbunden ist. Auch sonst grundsätzliche Gegner jeden Ausgleichsfonds' und Verfechter schematischer, jeder persönlichen Einwirkung entzogener Verteilung aller den Gemeinden zukommenden Beträge müssen doch in diesen Notzeiten die Auffassung vertreten, daß die angesichts der allgemeinen Notlage viel zu geringen Ausgleichsmittel nur individuell verteilt werden können, damit sie auch wirklich nur dorthin fließen, wo sie gänzlich unentbehrlich sind und sich nicht durch schlüsselmäßige Bedenkung an sich noch in tragbaren Verhältnissen befindlicher Gemeinden zersplittern.

Hatten die beiden erwähnten Verordnungen des Reichspräsidenten die Gemeinden im Grunde genommen auf ihre eigene Initiative verwiesen, indem sie ihnen die Möglichkeit gaben, neue Steuern zu erschließen, also auf eine Sanierung von innen her, so hat die Verordnung des Reichspräsidenten vom 5. Juni 1931 (RGBl. I S. 279) erstmalig den Gemeinden eine Hilfe von außen her gebracht, indem sie ihnen im Vierten Teil bare Zuwendungen von Reichs und von Staats wegen erschloß. Das geschah hauptsächlich angesichts des Rückganges der Reichssteuerüberweisungen, der damals gegenüber den Schätzungen im RdErl. vom 13. März 1931 (MBliV. S. 211) für die preußischen Gemeinden und Gemeindeverbände auf 136 Millionen RM. geschätzt wurde. Seinerseits gewährte das Reich in dieser Verordnung einen Betrag von 60 Millionen RM., den es durch den Fortfall der Lohnsteuererstattungen infolge der Außerkraftsetzung des § 93 Einkommensteuergesetzes gewann, einer Bestimmung, die bei einer ungeheuren Belastung der Finanzämter nur ein geringes praktisches Ergebnis für die einzelnen Antragsteller gehabt hatte. Außer der Bereitstellung des Betrages von 60 Millionen RM. durch das Reich selbst, von denen auf Preußen etwa 40 Millionen RM. entfielen, verpflichtete die erwähnte Verordnung noch die Länder, den Gemeinden zur Erleichterung ihrer Wohlfahrtslasten die gesamten Ersparnisse zur Verfügung zu stellen, die ihnen, den Ländern, aus der in der gleichen Verordnung angeordneten erneuten Gehaltskürzung erwachsen würden. Dieser grundsätzlichen Verpflichtung, alle Ersparnisse aus der Gehaltskürzung den Gemeinden zukommen zu lassen, stellte die Verordnung aber eine Ausnahmebestimmung zugunsten derjenigen Länder gegenüber, in denen die Zahl der Wohlfahrtserwerbslosen am 31. März 1931 höher als 5 v. T. der Einwohner sei; solche Länder sollten nur verpflichtet sein, die Hälfte der ersparten Gehaltskürzungen zu Zwecken der Erleichterung der gemeindlichen Wohlfahrtslasten zu verwenden. Dabei wurde, dem Drängen der kommunalen Spitzenverbände entsprechend, entgegen dem vorgetragenen Bedenken eine schlüsselmäßige Verteilung der Reichsmittel auf die Bezirksfürsorgeverbände, in Preußen also auf die Stadt- und Landkreise, gesetzlich festgelegt. Auf Grund dieser reichsrechtlichen Vorschriften hatte das Land Preußen die Hälfte seiner Besoldungsersparnisse auszuschütten. Demgemäß erging die Verordnung vom 30. Juni 1931 (GS. S. 120), auf Grund deren den Stadt- und Landkreisen zur Erleichterung ihrer Wohlfahrtslasten ein Betrag von rund 51 Millionen RM. in schlüsselmäßiger Verteilung zufließen sollte. Die preußische schlüsselmäßige Verteilung war dabei als eine Art Veredelung der reichsrechtlichen schlüsselmäßigen Verteilung gedacht. Das Reichsrecht berücksichtigte nämlich nur diejenigen Bezirksfürsorgeverbände, deren Belastung mit Wohlfahrtserwerbslosen mindestens 75 v. H. des Durchschnitts ihrer Größengruppe betrug; das Landesrecht beteiligte dagegen schon diejenigen Bezirksfürsorgeverbände, die mit mehr als 20 v. H. des Gruppendurchschnitts belastet waren, und zwar zunächst einheitlich mit je 50 RM. für jeden über 20 v. H. dieses Gruppendurchschnitts hinausgehenden Wohlfahrtserwerbslosen und außerdem, nach den einzelnen Größengruppen degressiv gestaffelt, mit je 60 RM. bis je 20 RM. für jeden dieser Wohlfahrtserwerbslosen. Die Voraussetzung, daß diese Beiträge des Landes aus seinen Besoldungsersparnissen zur Verfügung gestellt werden könnten, war jedoch, soweit es sich um Preußen handelte, von vornherein eine Fiktion, weil der Preußische Etat ein Defizit von weit mehr als 100 Millionen RM. aufwies, die Kürzung der Besoldungen für ihn also keine Freimachung zur Verfügung stehender Beträge für einen anderen Zweck, sondern nur eine Verkleinerung des vorhandenen Fehlbetrages bedeutete. Die für die Wohlfahrtserwerbslosen benötigten Beträge mußten durch Preußen also erst beschafft werden, wozu das Gesetz betreffend die Beteiligung des Preußischen Staates an den Kosten der Arbeitslosenfürsorge vom 29. Juni 1931 (GS. S. 119) den Weg eröffnen sollte, indem es den Staat ermächtigte, zur Durchführung der reichsrechtlichen Verpflichtung einen Kredit von 60 Millionen RM. aufzunehmen.

Bildete man das Saldo aus den durch die Verordnung des Reiches vom 5. Juni 1931 vorgeschriebenen Reichs- und Staatsbeihilfen im Gesamtbetrage von rd. 91 Millionen RM. für die preußischen Stadt- und Landkreise einerseits und dem Rückgange der Reichssteuerüberweisungen in Höhe von rd. 136 Millionen für die preußischen Gemeinden und Gemeindeverbände andererseits, so ergab sich, daß gegenüber den Voranschlägen für das Rechnungsjahr 1931 keine zusätzliche Hilfe, sondern noch ein Ausfall in Höhe von 45 Millionen RM. zu buchen war. Es blieb also etwa dabei, daß dem auf 400—500 Millionen RM. geschätzten Haushalts- und Kassendefizit der preußischen Gemeinden und Gemeindeverbände nur die Möglichkeit gegenüberstand, mit einem Ausgleichsfonds in Höhe von rd. 70 Millionen RM. das schlimmste, nämlich einen offenen Kassenzusammenbruch, zu verhüten. Dabei hatte sich die Lage noch dadurch verschärft, daß § 3 der Verordnung des Reichspräsidenten vom 5. August 1931 (RGBl. I S. 429) den Gemeinden und Gemeindeverbänden — freilich aus durchaus berechtigten Gründen — die Möglichkeit nahm, bei den kommunalen Kreditinstituten, insbesondere den Sparkassen und Landesbanken, weitere Kredite aufzunehmen, was vielleicht die eine oder die andere Gemeinde oder der eine oder andere Gemeindeverband auch unter Rücksichtnahme auf die notwendige Liquidität dieser Institute noch hätte tun können. Aus dieser Situation heraus und unter Berücksichtigung der gefährlichen Kassenschwierigkeiten des Reiches und Staates muß man die harten Maßnahmen verstehen, die auf Grund der Verordnung des Reichspräsidenten vom 24. August 1931 zur Sicherung der Haushalte von Ländern und Gemeinden (RGBl. I S. 453) durch die preußische Verordnung vom 12. September 1931 (GS. S. 179) angeordnet worden sind. Die in dem RdErl. vom 16. September 1931 (MBliV. S. 895) näher ausgeführten Ersparnisse aus der Einstellungs- und Beförderungssperre, aus der erneuten Revision der Besoldungsordnungen, aus der Herabsetzung der zuzugebendermaßen mancherorts stark übersetzten Gehälter der leitenden Beamten, aus der Möglichkeit, Verträge zum Zwecke der Änderung der Löhne und Vergütungen betreffenden Bestimmungen, aber auch zum Zwecke der Entlassung entbehrlicher Kräfte oder Verkürzung der Arbeitszeit zu ändern, aus den erheblichen Einschränkungen der Ausgaben für Lehrkräfte bei den verschiedenen Schularten und der — freilich sehr harten — Senkung der Richtsätze nach Maßgabe des gesunkenen Lebenshaltungsindex werden in einzelnen Gemeinden und Gemeindeverbänden recht erheblich sein; ihre Höhe schätzungsweise zu erfassen, sind jetzt Erhebungen im Gange. Aber, wie der RdErl. vom 16. September 1931 in seiner Einleitung ganz richtig ausführt, handelt es sich hierbei nicht mehr um Ersparnisse im Sinne der

Vermeidung entbehrlicher oder überflüssiger Ausgaben, sondern im Sinne der Drosselung dringendster, an und für sich unentbehrlicher Ausgaben mit Wirkung des Verlustes erheblicher Kulturgüter, der Verschärfung der Not vieler bereits vernichteter Existenzen und mit Wirkung der Vernichtung zahlreicher weiterer Existenzen, nicht nur von Gemeindebeamten, -angestellten und -arbeitern, sondern auch aus der Wirtschaft, weil ihr so gut wie gar keine Aufträge mehr erteilt werden können, also mit der Wirkung weiteren Ansteigens der Erwerbslosigkeit. Daß die Durchführung solcher Maßnahmen das Beschreiten außerordentlicher Wege erfordert, ist offenbar. Oft schon mußten in normalen Zeiten bewährte Einrichtungen für außerordentliche Zeiten sistiert werden. Angesichts des aus den politischen Rückwirkungen erklärlichen, aber trotzdem bedauerlichen Versagens der gemeindlichen Vertretungskörperschaften, wie es selbst bei der Befolgung der reichsrechtlichen Verpflichtung zur Einführung der Bürgersteuer, Biersteuer und Getränkesteuer festzustellen gewesen war, mußte deshalb unbedingt die Möglichkeit geschaffen werden, die notwendigen Maßnahmen auch ohne ihre Mitwirkung zu treffen. Um nun nicht in allen Fällen zu unmittelbarem Eingreifen der Staatsgewalt auf Grund des Kap. IX § 3 der Reichsverordnung vom 5. Juni 1931 seine Zuflucht nehmen zu müssen, wurden durch Kap. I § 1 Abs. 1 des Vierten Teils der preußischen Verordnung vom 12. September 1931 die Verwaltungsorgane der Gemeinden und Gemeindeverbände (Magistrat bzw. Oberbürgermeister, Kreisausschuß usw.) ermächtigt, das Erforderliche auch ohne Mitwirkung der Vertretungskörperschaften (Stadtverordnetenversammlung, Kreistag usw.) zu veranlassen, so daß die Aufsichtsbehörde erst vorgehen muß, wenn auch diese Gemeindeorgane versagen. Damit ist den Gemeindeorganen eine schwere und unpopuläre Aufgabe zugewiesen worden; sie werden trotzdem das in sie gesetzte Vertrauen im Interesse des Ganzen nicht enttäuschen dürfen.

Inzwischen stellte sich heraus, daß zu allen Schwierigkeiten die Reichssteuerüberweisungen für das Rechnungsjahr 1931 noch weit hinter dem zuletzt erwarteten Aufkommen zurückbleiben werden. Dieser weitere Rückgang wird, wie aus dem RdErl. vom 24. Oktober 1931 (MBliV. S. 1066) hervorgeht, etwa 97 Millionen RM. für die Gemeinden und Gemeindeverbände betragen. Er ist der Hauptgrund für die durch die Verordnung des

Reichspräsidenten vom 5. Oktober 1931 (RGBl. I S. 537) erfolgte Erhöhung der Reichsdotationen für die durch Wohlfahrtserwerblose besonders belasteten Gemeinden und Gemeindeverbände von insgesamt 60 auf 230 Millionen RM. Dabei ist in Würdigung der oben vorgetragenen Erwägungen — wenn auch nicht die gesamte Erhöhung, so doch — wenigstens ein Teil, nämlich ein Betrag von 80 Millionen RM., für einen Reichsausgleichfonds zurückgestellt worden, aus dem ebenso wie aus dem preußischen Ausgleichfonds auf Grund individueller Prüfung des Einzelfalls auf Antrag des Landes Beihilfen für einzelne Gemeinden und Gemeindeverbände gewährt werden sollen. Zur Erhöhung der schlüsselmäßigen Reichsdotationen ist der Restbetrag mit 90 Millionen RM. verwendet worden, von denen etwa 59 Millionen RM. auf die preußischen Gemeinden und Gemeindeverbände entfallen. Rechnen wir damit, daß diese an den individuellen Beihilfen des Reiches etwa mit 50 Millionen RM. beteiligt werden, so ergibt sich für die preußischen Gemeinden und Gemeindeverbände insgesamt eine Verbesserung um 109 Millionen RM., denen ein weiterer Rückgang an Reichssteuerüberweisungen in Höhe von 97 Millionen RM. gegenübersteht. Der ganze Gewinn sind also 12 Millionen RM.! Aber auch dieser geht verloren; ja er geht nicht nur verloren, sondern er wird sogar noch übertroffen durch den Verlust, der als Folge der Aufhebung der durch die preußische Verordnung vom 30. Juni 1931 zugesagten preußischen schlüsselmäßigen Wohlfahrtsdotationen eintritt. Die Verordnung des Reichspräsidenten vom 5. Oktober 1931 hat sich nämlich angesichts der Notlage der Länder selbst genötigt gesehen, deren Verpflichtung zur Verwendung der Besoldungsersparnisse für Wohlfahrtsdotationen an die Gemeinden wieder aufzuheben, und im Anschluß daran ist die preußische Verordnung vom 30. Juni 1931 durch die Verordnung vom 9. Oktober 1931 (GS. S. 219) — unbeschadet der bereits geleisteten Ausschüttungen — wieder aufgehoben worden, weil es dem preußischen Staat infolge der Auswirkungen des »dies ater«, des 13. Juli 1931, unmöglich war, die Ermächtigung des Gesetzes vom 29. Juni 1931 auszunutzen und sich einen entsprechenden Kredit zu verschaffen. Diese Entwicklung war vorauszusehen, nachdem nur die Julirate der preußischen Wohlfahrtsdotationen ganz, die Augustrate aber bereits nur noch zur Hälfte ausgeschüttet worden war. So erleiden die Gemeinden und Gemeindeverbände einen

Verlust von rd. 43 Millionen gegenüber dem obigen Gewinn von 12 Millionen RM.; ihre Lage hat sich also weiter verschlechtert. Auch die preußische Verordnung vom 8. Oktober 1931 (GS. S. 219) über die Abänderung der Hauszinssteuerverordnung bringt ihnen wenig Hilfe, wenn sie bestimmt, daß die Gemeinden und Gemeindeverbände ein Viertel des nach dem Gesetz vom 23. März 1931 (GS. S. 31) für den Wohnungsbau noch verbliebenen Gemeindeanteils für Zwecke des Finanzbedarfs verwenden dürfen, denn sie haben über diesen Wohnungsbauanteil in der Regel längst verfügt. Angesichts dieser Situation ist es um so notwendiger, daß die Mittel des Reiches und Preußens aus den Ausgleichsfonds wirklich nur dorthin gegeben werden, wo es der Gemeinde oder dem Gemeindeverband nachgewiesenermaßen unmöglich ist, aus eigener Kraft einen offenen Kassenzusammenbruch zu verhindern. Reich und Staat verlangen daher vor Gewährung einer Beihilfe aus den Ausgleichsfonds nicht nur, daß die beantragende Körperschaft alle durchführbaren Abdrosselungen in ihren Ausgaben vornimmt, sondern auch, daß sie die neuen Einnahmequellen voll ausschöpft. Als eine solche volle Ausschöpfung der neuen Einnahmequellen wird die Erhebung der dreifachen Bürgersteuer, der doppelten Biersteuer und der Getränkesteuer mit 10 v. H. angesehen; auf letztere kann dort verzichtet werden, wo das Aufkommen die Erhebungskosten nicht lohnen würde, wie es in den meisten kleineren Landgemeinden der Fall sein wird.

Es wird abzuwarten sein, wielange es mit den beschränkten Ausgleichsmitteln gelingen wird, die Lage aller Gemeinden und Gemeindeverbände im Rechnungsjahre 1931 wenigstens äußerlich zu halten. Daß es restlos gelingen wird, wenn die Reichsdotationen nicht noch weiter erhöht werden oder das Aufkommen aus den Überweisungssteuern sich nicht doch noch günstiger entwickelt, als zurzeit befürchtet wird, ist leider kaum zu hoffen. Aber auch die Möglichkeit der Erhöhung der Reichsdotationen ist noch ein völlig ungelöstes Problem, denn zurzeit wüßte man noch nicht, woher man diese Erhöhung nehmen soll. Für das Rechnungsjahr 1932 wird zunächst der Grundsatz aufzustellen sein, daß alle Experimente für normalere Zeiten zurückgestellt werden müssen. Dazu gehört der Verzicht darauf, in diesem Rechnungsjahre mit dem sogenannten »endgültigen Finanzausgleich« durch Einführung eines Zuschlagssystems zur Einkommen- und Körperschaftssteuer an Stelle des Überweisungssystems zu beginnen, m. E. aber auch der Verzicht darauf, mit der Durchführung des Grundsteuerrahmen- und Gewerbesteuerrahmengesetzes, wie sie in der Verordnung des Reichspräsidenten vom 1. Dezember 1930 enthalten sind, zu beginnen. Man kann in einer solchen Notzeit nicht gleichzeitig die formellen und materiellen Grundlagen der Haupteinnahmequellen aller Gemeinden und Gemeindeverbände verschieben und sie einen Sprung ins Dunkle tun lassen, von dem gar nicht abzusehen ist, wohin er sie stürzen läßt. Dann wird man die Reserve ausschöpfen müssen, die sich bei einer vernünftigen und für die Wirtschaft erträglichen Lockerung der Realsteuersperre freimachen ließe. Nicht nach der Richtung hin, wie sie hin und wieder erwogen wird, daß man allgemein eine Realsteuererhöhung wieder zuließe. Allgemein ist in der Höhe der Realsteuern das Erträgliche längst überschritten; ihre weitere Erhöhung würde also lediglich auf dem Papier stehen. Man kann aber die Überspannung der Realsteuersperre beseitigen, die darin liegt, daß man die Erhöhung auch den Gemeinden mit leichtem Realsteuerdruck abgeschnitten hat. Ist es doch selbst so, daß Gemeinden, die z. B. wegen großen Waldbesitzes am 31. Dezember 1930 gar keine Realsteuern erhoben haben, auch heute keine erheben dürfen! Wozu anders führt eine solche Schematisierung als dazu, daß diese Gemeinden in eine Finanzlage geraten, die es unter Umständen nötig macht, sie aus dem Ausgleichsfonds zu unterstützen, der dadurch unnötigerweise geschwächt wird? Auch gibt es dort noch Hohlräume, die ausgefüllt werden können, wo zwar die Finanzlage einer kreisangehörigen Gemeinde die Einführung oder restlose Ausschöpfung der Bürgersteuer, Biersteuer oder Getränkesteuer nicht erfordert, für sie auch keine reichsrechtliche Verpflichtung dazu vorliegt, sich aber der Landkreis in unüberwindlicher Notlage befindet. Hier müßte die Möglichkeit geschaffen werden, die Einführung oder Ausschöpfung durch den Landkreis vornehmen zu lassen. Diese Maßnahmen würden in Verbindung mit der ganzjährigen Auswirkung der bisherigen Besoldungskürzungen und der übrigen zuletzt durch die Verordnung vom 12. September 1931 ermöglichten Abdrosselungen und in Verbindung mit der im Gange befindlichen Umschuldung der Gemeinden und Gemeindeverbände immerhin etwas Luft für das Rechnungsjahr 1932 schaffen. Im äußersten Notfalle wird man sich trotz lauten Pressegeschreis dazu entschließen müssen, alle schlüsselmäßigen Reichsdotationen für durch Wohlfahrtserwerbslose besonders belastete Gemeinden und Gemeindeverbände ganz aufzugeben und die dadurch frei gewordenen Mittel restlos dem Ausgleichsfonds zuzuführen. Luft genug für ein wirklich gesundes Leben wäre damit freilich längst nicht zugelassen. Hierzu wäre unbedingt eine viel stärkere Entlastung aller Gemeinden und Gemeindeverbände von den Wohlfahrtsausgaben notwendig. Für diese kann dadurch die Möglichkeit geschaffen werden, daß das Reich sich endlich entschließt, an eine grundlegende Reform des ganzen Problems der Fürsorge für die Arbeitslosen mit dem Ziele heranzugehen, die jetzige Dreiteilung in Arbeitslosen-, Krisen- und Wohlfahrtserwerbslosenfürsorge zu beseitigen und unter Aufgabe des Versicherungsgedankens für solche Notzeiten wie die gegenwärtigen wirklich nur die Bedürftigen zu bedenken, wodurch Mittel zu einer stärkeren Beteiligung des Reiches an den Lasten der Gemeinden und Gemeindeverbände frei werden und noch Ersparnisse für das Reich übrig bleiben könnten. Ob die Optimisten recht haben, die schon jetzt eine Besserung der Wirtschaftslage zu verspüren glauben oder jedenfalls eine solche für das kommende Jahr erwarten, wird die Zeit lehren. Aber man wird sich darauf einrichten müssen, daß sie nicht recht haben und deswegen die angedeuteten Reformen endlich vornehmen müssen, die dem Bedürftigen vom Existenzminimum nichts nehmen, sondern nur den Nichtbedürftigen aus jeglicher Unterstützung ausschiffen sollen. Zaubermittel, die Not der Gemeinden und Gemeindeverbände zu lindern, gibt es nicht. Auch die Gemeinden und Gemeindeverbände existieren nicht für sich, nicht im luftleeren Raum. Ihr Schicksal ist untrennbar verknüpft mit dem des Reiches und des Staates und, wie deren Schicksal, mit dem der deutschen Wirtschaft! Blüte der Wirtschaft ist Blüte der Gemeinden; eine oft betonte, aber in der Praxis noch öfter außer acht gelassene Binsenwahrheit! Deshalb fallen die übrigen Wege aus der Finanznot der Gemeinden mit den Wegen zusammen, die zu einer Belebung der Wirtschaft führen. Diese Wege wiederum enden nicht an Deutschlands Grenzen, sondern führen selbst über Europas Küsten hinaus in alle Erdteile, wo Absatzmöglichkeiten wieder eröffnet oder neu erschlossen werden müssen. Solche Wege zu erkunden und zu beschreiten, sind andere berufen und in der Lage. Wir müssen ihnen vertrauen und durch einen gesunden Optimismus und Verbannung eines die Situation nur verschlechternden Pessimismus ihnen den Rücken stärken. Denn ohne Zweifel liegt ein nicht unwesentlicher Teil unserer Notlage in einem übertriebenen Pessimismus begründet, der jede wirtschaftliche Initiative ertötet. Deswegen ist die Bekämpfung eines übertriebenen Pessimismus auch ein Stück des Weges aus der Finanznot der Gemeinden und Gemeindeverbände.

Nachtrag: In der Zeit bis zur Drucklegung dieses Vortrages sind einige der oben erhobenen Forderungen zur Behebung der Finanznot der Gemeinden und Gemeindeverbände bereits erfüllt worden. Bereits für das letzte Vierteljahr des Rechnungsjahres 1931 ist eine gewisse Verbesserung der Einnahmen aus den Reichssteuerüberweisungen dadurch herbeigeführt worden, daß die Reichsumsatzsteuer durch die Vierte Verordnung des Reichspräsidenten vom 8. Dezember 1931 (RGBl. I S. 699) erhöht worden ist, woraus sich für die preußischen Gemeinden und Gemeindeverbände für den Rest des Rechnungsjahres 1931 eine Mehreinnahme von rd. 10 Millionen RM. ergibt, der aus dem durch die gleiche Verordnung angeordneten Fortfall der Mineralwassersteuer ein Verlust von rd. 3 Millionen RM. gegenübersteht. Auch die Lockerung der Realsteuersperre ist mit dieser Verordnung für das letzte Vierteljahr des Rechnungsjahres 1931 — zugunsten solcher Gemeinden verfügt worden, deren Steuersätze unter dem für das Rechnungsjahr 1931 festgestellten Landesdurchschnitt der Gemeinderealsteuersätze liegen. Weitere Erleichterungen von erheblichem Ausmaße resultieren für die Gemeinden und Gemeindeverbände aus der durch die gleiche Reichsverordnung verfügten neuerlichen Gehaltskürzung, die die Folge der Unmöglichkeit war, die Reichsdotationen für die Wohlfahrtslasten noch weiter zu erhöhen. Schließlich hat die preußische Verordnung vom 23. Dezember 1931 (GS. S. 293) dahin Klarheit geschaffen, daß die reichsrechtlichen Vorschriften über das Grundsteuer- und das Gewerbesteuerrahmengesetz für das Rechnungsjahr 1932 in Preußen noch nicht zur Durchführung gelangen.

Kommunale Sparmöglichkeiten

(unter Berücksichtigung der bis Ende 1931 erlassenen Verordnungen und Bestimmungen).

Von Landrat **Tapolski,** Düsseldorf.

Das Thema, über das ich auf Wunsch der Verwaltungsakademie Vortrag zu halten habe, ist heute sehr aktuell, fast zu aktuell. Denn wenn die Öffentlichkeit sich heute mit kommunalen Fragen befaßt, dann tut sie es fast nur noch unter dem Gesichtspunkt: wo, wie und was kann noch gespart werden. Ich hatte daher gewisse Bedenken, ob ich auf einem so ausgetretenen Wege wandeln und auch meinerseits noch einen Vortrag über Sparmöglichkeiten halten sollte. Indessen scheint mir der gegenwärtige Zeitpunkt, in dem auf den meisten Gebieten kommunalen Lebens die Möglichkeiten zu sparen so ziemlich bis zum letzten ausgeschöpft sind — jedenfalls soweit die Gemeinden selbst noch etwas im Sinne der Sparsamkeit tun können — nicht ganz ungeeignet, über meine Erfahrungen auf diesem Gebiete zu berichten, nachdem ich einen sehr großen Teil aller preußischen Großstädte und mehrere besonders wichtige Landkreise im Auftrage des Herrn Preußischen Ministers des Innern auf Sparmöglichkeiten zu prüfen gehabt habe.

Zunächst eine kurze Vorbemerkung: In kommunalen Kreisen wird nicht selten denjenigen Stimmen, die immer neue zentrale Sparverfügungen verlangen, gegenübergehalten, daß es ein unerläßlicher Bestandteil der Selbstverwaltung sei, innerhalb eines gewissen Rahmens frei über die eigenen Geschicke bestimmen zu können. Zur Selbstverwaltung gehöre es auch, auf eigene Kosten Dummheiten begehen zu können. Das ist im Kern richtig, paßt aber, wie so manche bisher als allgemein gültig angesehene Wahrheit, nicht mehr recht in die gegenwärtige Zeit, denn heutzutage lebt nur noch der kleinste Teil aller Gemeinden und Gemeindeverbände »auf eigene Kosten«. Die meisten Gemeinden leben mehr oder minder aus dem großen Beutel der staatlichen Ausgleichsfonds. Sie werden je nach ihrer individuellen Notlage unterstützt, und äußerste Sparsamkeit im kommunalen Leben ist daher nicht mehr in erster Linie eine örtliche, sondern eine allgemein interessierende Frage geworden. Gegen dieses Dotationssystem läßt sich natürlich vielerlei mit an sich guten Gründen einwenden, dafür fast nur das eine: es hat bisher noch niemand ein Verfahren gezeigt, wie man mit geringeren Mitteln eine Einstellung auch der lebensnotwendigsten Zahlungen in den Gemeindehaushalten verhüten kann. Die Gemeinden stehen insofern der Staatsgesamtheit ähnlich gegenüber, wie der einzelne Hilfsbedürftige seiner Stadt oder seinem Kreise. Die Gewährung zahlenmäßiger fester Ansprüche, wie z. B. in der Arbeitslosenversicherung, hat die mannigfaltigsten Vorteile, billiger aber ist die individuelle Wohlfahrtspflege, die jedem gerade nur das gewährt, was ihm am Existenzminimum fehlt.

Dies zur Rechtfertigung zentraler Sparmaßnahmen vorweg. Was die einzelnen Sparmöglichkeiten betrifft, so sind bei den Gemeinden hauptsächlich drei große Gebiete zu unterscheiden: die Personalausgaben, das Wohlfahrtswesen und die sachlichen Ausgaben.

Unter den persönlichen Ausgaben nehmen an Gewicht die Beamtengehälter den ersten Rang ein. Durch die Notverordnungen des Reichspräsidenten vom 1. Dezember 1930, vom 5. Juni 1931 und vom 8. Dezember 1931 sind die Beamtengehälter allgemein, nicht nur die der Gemeindebeamten, zweimal und zwar in der Regel um 21% gekürzt worden. Darüber hinaus sind sehr wesentliche Einschränkungs- und Sparmöglichkeiten durch die preußische Sparnotverordnung vom 12. September 1931 geschaffen worden, die — ergangen auf Grund der Ermächtigung durch die Verordnung des Reichspräsidenten vom 26. August 1931 — bestimmt, daß in keinem Falle künftig mehr das Gehalt eines Kommunalbeamten über das eines vergleichbaren unmittelbaren Staatsbeamten hinausgehen darf. Eine Unterschreitung nach unten wird grundsätzlich nicht verboten. Nur wo ein augenfälliges Mißverhältnis vorliegt, können und dürfen die kommunalen Aufsichtsbehörden zugunsten der Gemeindebeamten eingreifen. Früher war es umgekehrt, Gemeindebeamte durften grundsätzlich nicht schlechter besoldet werden als die unmittelbaren Staatsbeamten, aber örtliche Verschiedenheiten durften berücksichtigt werden und nur wo wesentliche Besserstellungen vorlagen, war von Aufsichtswegen einzugreifen. Neu ist, daß auch die leitenden Gemeindebeamten, auch die der größten Städte und der Provinzen, jetzt hinsichtlich ihrer Besoldung in ein bestimmtes Verhältnis zu unmittelbaren Staatsbeamten gebracht worden sind, während man bisher in Preußen den Standpunkt vertrat, daß diese leitenden Beamten überhaupt nicht ohne weiteres mit unmittelbaren Staatsbeamten verglichen werden könnten. Die Folge dieser Neuregelung ist im allgemeinen eine besonders fühlbare Herabsetzung gerade der Gehälter der leitenden Kommunalbeamten. Diese Angleichung an die Gehälter der unmittelbaren Staatsbeamten ist z. Zt. in vollem Gange und wird in wenigen Wochen überall restlos abgeschlossen sein. Aber in dieser viermaligen Senkung innerhalb eines Jahres — den drei allgemeinen Gehaltskürzungen und dem verschärften Angleichungszwang — haben sich die Sparmaßnahmen hinsichtlich der Kommunalbeamtenbesoldung noch nicht erschöpft. Eine sehr fühlbare weitere Kürzung wird ein erheblicher Teil der Kommunalbeamten durch jene Anordnung des preußischen Notgesetzgebers erfahren, daß auch die Besoldungsdienstalter überall den staatlichen Grundsätzen angeglichen werden sollen. Es wird nicht wenige Kommunalbeamte geben, bei denen gerade die Änderung des Besoldungsdienstalters einschneidendere Kürzungen zur Folge hat, als alle anderen Kürzungsmaßnahmen zusammen. Auch die Anpassung der Besoldungsdienstalter ist überall im Gange und steht in den meisten Regierungsbezirken vor dem Abschluß.

Ähnlich wie für Beamte wirken sich die Sparmaßnahmen für die kommunalen Angestellten aus. Soweit für sie auf Grund örtlicher Regelung die Vorschriften für die Besoldung von Reichs- und Staatsangestellten entsprechend anwendbar erklärt worden sind, erfahren sie im allgemeinen die gleichen Kürzungen wie die Beamten. Dasselbe ist der Fall, wo ihre Bezüge zusammen mit denen der Beamten in einer einheitlichen Besoldungsordnung geregelt sind. Schwieriger ist die Lage aber derjenigen Angestellten, deren Besoldungsregelung nicht auf Ortsgesetz oder Tarifvertrag beruht, sondern durch Einzelverträge geordnet ist. Diese Verträge können, gleichgültig, ob sie bisher kündbar waren oder nicht, auf Grund der preußischen Notverordnung vom 12. September 1931 mit halbmonatlicher Frist gekündigt und ganz aufgehoben, oder beliebig abgeändert werden. Dies bedeutet natürlich eine besondere Härte für die betroffenen Angestellten, die nur mit der ganz besonderen Lage, in der sich die Gemeinden jetzt befinden, gerechtfertigt werden kann. Da es sich bei dieser Gruppe im allgemeinen um Angestellte in gehobener Stellung und mit erheblichen Bezügen handeln wird, sind allerdings auf diesem Gebiet die Sparmöglichkeiten besonders groß.

Ein sehr wichtiges Kapitel auf dem Gebiet der persönlichen Ausgaben, namentlich für die größeren Städte, ist das der Arbeiterlöhne. Besonders für die städtischen Verkehrsbetriebe, weniger für die Versorgungsbetriebe — die meist nur geringere Belegschaften haben — ist die Lohnhöhe eins der wichtigsten, wenn nicht das wichtigste Unkostenelement. Die Arbeiterlöhne werden, wenn man von den Städten Berlin und Breslau absieht, nirgends von einer einzelnen Gemeinde allein tarifvertraglich vereinbart, sondern von bezirklichen kommunalen Arbeitgeberverbänden, deren Vertragspartner wieder die Bezirksorganisationen der einzelnen Gewerkschaften sind. Neuerdings — auf Grund der Notverordnungen vom 5. Juni, vom 6. Oktober und vom 8. Dezember 1931 — sind aber auch diese Arbeitgeberorganisationen nicht mehr vollkommen frei in der Vereinbarung der Löhne. Die genannten Notverordnungen sehen eine, wenn auch etwas klausulierte und schrittweise Anpassung an die Löhne der Reichsarbeiter vor; d. i. der sogenannte »Tarifeinbruch«, der auch politisch stark umstritten war und hinsichtlich dessen die Reichsregierung in der Verordnung vom 6. Oktober 1931 jedenfalls einen Teil ihrer in der Verordnung vom 5. Juni 1931 aufgestellten Forderungen nachträglich wieder zurückgenommen hat. Immerhin sind auch die kommunalen Arbeiterlöhne bis zum Ende des Jahres 1931 dreimal gesenkt worden und werden mit Wirkung vom 1. Januar 1932 ab zum viertenmal — um weitere 10% — gesenkt werden. Weitere Sparmöglichkeiten bestehen dann für die Gemeinden m. E. überhaupt nicht mehr. Der Lohnaufwand könnte natürlich, da die Löhne für die einzelnen Gemeinden unangreifbar sind, durch Entlassungen vermindert werden, doch würden Entlassungen, von allen sozialen und politischen Momenten abgesehen, auch rein finanziell ein zweischneidiges Schwert darstellen. Dieselben Leute, die aus der Stadtkasse keinen Lohn mehr erhalten, werden voraussichtlich nach nicht zu langer Zeit als Wohlfahrtsempfänger aus einer anderen städtischen Kasse Unterstützungen beziehen müssen, die oft nicht allzu weit unter ihren jetzigen wiederholt gesenkten Löhnen zurückbleiben würden. Falls irgend möglich sollten daher die Gemeinden, bevor sie an Entlassungen herangehen, zum Mittel der Kurzarbeit greifen und die Wochenstundenzahl, die bisher oft noch über 48 Stunden hinausging, auf 42 oder sogar 40 Stunden vermindern, bevor sie zu Vollentlassungen schreiten. Bisher war ein solches Verfahren für die Gemeinden mit Schwierigkeiten verbunden, da in vielen bezirklichen Tarifverträgen bei Kürzung der Wochenstundenzahl eine Erhöhung der Stundenlöhne vorgeschrieben war. In letzter Zeit ist diese Verkoppelung von Stundenzahl und Stundenlohn durch neuere tarifvertragliche Abreden im allgemeinen aufgehoben und damit das Haupthindernis für eine Verkürzung der Arbeitszeit der kommunalen Arbeiter beseitigt worden.

Alle übrigen personellen Ausgaben schlagen verhältnismäßig nur sehr wenig zu Buch. Immerhin erscheint es selbstverständlich, daß Reisekosten, Notstandsbeihilfen und dergleichen bei der jetzigen Lage der Gemeinden nicht günstiger als beim Staate geregelt werden. Von einiger Bedeutung sind noch die Fragen der Ruhelöhne für Angestellte und Arbeiter. Reich und Staat gewähren ihren Arbeitern und Angestellten über die Bezüge auf Grund der Reichsversicherungsgesetzgebung hinaus gewisse zusätzliche Ruherenten. Einzelne, namentlich größere, Gemeinden sind insofern noch beträchtlich weiter gegangen als Reich und Staat. Man wird den Gemeinden nicht zumuten können, auf diesem Gebiete hinter Reich und Staat zurückzubleiben; Leistungen über das staatliche Maß hinaus werden sich aber heute nicht mehr rechtfertigen lassen. Das gilt insbesondere auch hinsichtlich der eigenen Beiträge der Angestellten und Arbeiter zu dieser zusätzlichen Versorgung, die bei Reich und Staat etwa $^1/_3$ der Gesamtkosten ausmacht.

Ein weites Feld für Sparmaßnahmen hat bisher das Schulwesen dargestellt. Es kann nicht verkannt werden, daß gerade auf diesem Gebiet die Aufwendungen der Gemeinden bisher ganz besonders über das Vorkriegsmaß hinausgingen. Die Ausgabefreudigkeit der Gemeinden berührte sich mit dem Bildungswillen breitester Volksschichten. Das zeigte sich im besonderen in dem ganz außerordentlichen Anwachsen der Zahl der Schüler höherer Lehranstalten. Es gibt einzelne Städte in Preußen, in denen nach Abzug der Schüler der Grundschule, die ja zur Vorbereitung für die Volksschule wie für die höheren Schulen dient, ebenso viele Volksschüler wie höhere Schüler vorhanden sind. Es ist klar, daß eine derartige Ausgestaltung des Schulwesens nicht nur finanzielle, sondern auch Nachteile anderer Art zur Folge haben muß. Es ist ja leider ausgeschlossen, daß eine so große Zahl von Schülern mit mehr oder minder abgeschlossener Ausbildung an höheren Schulen im späteren Leben eine ihrer Vorbildung entsprechende Stellung finden kann.

Aber ebenso jäh wie sich in den letzten Jahren der Aufstieg entwickelt hat, scheint sich jetzt ein entsprechender Abstieg anzubahnen. Durch eine Reihe von Sparmaßnahmen des Preußischen Kultusministeriums, die das Ministerium sicherlich nicht freudigen Herzens, sondern ganz einfach unter dem Druck der durch keinerlei Gegenargumente zu widerlegenden finanziellen Schwierigkeiten vorbereitet oder erlassen hat, wird sich der Aufwand für das Schulwesen sehr fühlbar senken lassen. Zunächst werden mit Wirkung vom 1. Oktober 1931 ab die Gehälter der Lehrer an höheren, mittleren und Volksschulen ganz erheblich, insbesondere hinsichtlich einer Reihe von Gehaltszulagen, verkürzt. Weiterhin ist, was im allgemeinen dem bisherigen Rechte fern war — die Möglichkeit der freien Versetzbarkeit der Lehrer, und zwar, wie man sagt, in horizontaler und vertikaler Hinsicht — geschaffen worden. In horizontaler Hinsicht, d. h. ein Lehrer kann, wie ein unmittelbarer Staatsbeamter, von der Schule eines Schulverbandes zu der eines anderen, selbstverständlich auch in einer anderen Provinz, versetzt werden. In vertikaler Richtung, d. h. Lehrer an höheren Schulen können an mittleren Schulen und Lehrer von diesen wieder an Volksschulen und umgekehrt verwandt werden, was nach den bisher üblichen Anstellungsbedingungen nicht möglich war. Dazu kommt ein ganz rücksichtsloser und auch von der Öffentlichkeit sehr hart empfundener Abbau nahezu aller Lehrkräfte, die noch nicht endgültig angestellt waren, insbesondere der sogenannten Junglehrer und der noch nicht endgültig übernommenen Studienassessoren. Beide Maßnahmen, so hart sie auch von den Betroffenen und darüber hinaus von allen am Schulleben Beteiligten empfunden werden, ermöglichen doch eine sehr fühlbare Verminderung der Schulstellen und damit auch eine sehr starke Senkung der persönlichen Schullasten. Diese Maßnahme ist ergänzt worden durch eine Vorschrift der 2. Preußischen Sparverordnung vom 23. Dezember

1931, nach der zum 1. April 1932 alle über 62 Jahre alten Leiter und Lehrer öffentlicher Schulen in den Ruhestand versetzt werden. Es steht jedenfalls zu hoffen, daß hierdurch ein Teil der jüngeren Lehrkräfte vom Abbau verschont werden kann. Organisatorisch wirkt sich die Verminderung der Schulstellen in erster Linie in einer Erhöhung der Klassenbesuchszahl aus. Der Kultusminister hat in einer Reihe von Erlassen, die Ende September und Anfang Oktober 1931 ergingen, die bisherigen Hindernisse, die einer solchen Klassenfrequenzerhöhung entgegenstanden, beseitigt. Es ist aber keineswegs erforderlich, die volle Wirkung der Sparmaßnahmen allein durch eine Verminderung der Klassen, d. h. Erhöhung der Klassenbesuchszahl, auszugleichen. Daneben ist es auch möglich, den Unterrichtsbedarf, d. h. die Wochenstundenzahl der Schüler zu mindern und die Wochenstundenzahl der Lehrer zu vermehren. Auch insofern hat der Kultusminister durch eine Reihe von Erlassen der letzten Zeit freie Bahn geschaffen, damit allerdings auch den größeren Teil der innerhalb des letzten Jahrzehntes von ihm durchgesetzten schulmäßigen Fortschritte wieder preisgegeben. Da das Kultusministerium, und nach seinen Anweisungen die einzelnen Bezirksregierungen für jeden Schulverband die vorzunehmende Verminderung der Schulstellen von oben anordnen, können die Gemeinden im allgemeinen auf diesem Gebiet keine anderen Sparmaßnahmen ergreifen, als diese aufsichtsbehördlichen Anordnungen ihrerseits auszuführen. Etwas mehr Freiheit haben einzelne Schulträger noch auf dem Gebiete des mittleren und höheren Schulwesens, wo eine Schließung kleiner Schulen, oder eine Zusammenlegung mehrerer benachbarter Anstalten vielfach noch möglich ist, so hart derartige Maßnahmen im allgemeinen von der Öffentlichkeit empfunden und auch bekämpft zu werden pflegen.

Was für die Volks-, mittleren und höheren Schulen gilt, die der Aufsicht des Kultusministeriums unterstehen, ist im allgemeinen auch über die Berufs- und Fachschulen, die vom Handels- oder vom Landwirtschaftsministerium abhängen, zu sagen. Das Berufsschulwesen hat sich in der Nachkriegszeit noch kräftiger entwickelt als das Volksschulwesen. Die Erfolge dieser Aufwärtsbewegung sollen selbstverständlich nicht verkannt werden, andererseits konnte man bisher doch gerade bei der Berufsschulverwaltung vielfach das Bestreben erkennen, eine Art Staat im Staate für sich zu bilden. Durch ein besonders ausgebautes Prämiensystem wurden die Schulträger in nicht seltenen Fällen zu Ausgaben angereizt, die ihnen im Augenblick zwar nur verhältnismäßig geringe, aber auf die Dauer doch Kosten in einem Ausmaße eintrugen, die nicht immer mit ihrer finanziellen Leistungsfähigkeit in Einklang zu bringen waren. Auch das Berufsschulwesen hat in Verfolg der Preußischen Sparverordnung vom 12. September 1931 Opfer bringen müssen. In seinem Ausführungserlaß erklärt der Handelsminister indessen, daß an der Berufsschulpflicht, soweit sie bisher eingeführt worden war, grundsätzlich nicht gerüttelt werden solle. Nur hinsichtlich der Beschulung von Haustöchtern und Hausangestellten, die auch bisher noch in verhältnismäßig wenig Städten eingeführt worden war, hat sich der Handelsminister zu einem Entgegenkommen bereit erklärt. Mit Recht wendet sich der Handelsminister dagegen, daß der Berufsschulunterricht wie bisher in vielen Fällen nebenamtlich von Lehrern anderer Anstalten, insbesondere Volksschullehrern, erteilt wird. Zur Verminderung des Doppelverdienertums soll vielmehr der Unterricht an den Berufsschulen nach Möglichkeit von solchen Berufsschulanwärtern erteilt werden, die infolge der allgemeinen Sparmaßnahmen stellenlos geworden sind. Auch für das Gebiet des Berufsschulwesens gilt, daß die Gemeinden im Augenblick kaum mehr tun können, als von den erteilten Ermächtigungen des Handelsministers in möglichst weitem Umfange Gebrauch zu machen. Ob auf die Dauer die Absicht des Handelsministers durchführbar bleibt, die bisher bestehende Berufsschulpflicht grundsätzlich aufrecht zu halten, wird nur die weitere Entwicklung lehren können.

So hart und so viel umstritten die bisher dargelegten Maßnahmen zur Verminderung des Personalaufwandes auch sein mögen, noch viel einschneidender und im allgemeinen auch finanziell gewichtiger sind die Einsparungen, die die Gemeinden auf dem Gebiete des Wohlfahrtswesens bisher ergreifen mußten und in Kürze noch vornehmen müssen. Ende September 1931 haben der Preußischen Innen- und der Preußische Finanzminister im Einvernehmen mit dem Preußischen Wohlfahrtsminister angeordnet, daß grundsätzlich überall die Richtsätze entsprechend der bis dahin eingetretenen Verminderung der Lebenshaltung gesenkt werden sollen. Da im Frühjahr 1929 der Lebenshaltungsindex im Deutschen Reich bei 155 (1913 = 100) stand, bis zum Herbst 1931 aber auf etwa 133 gesunken war, sollten nach dem genannten Ministerialerlaß die Richtsätze um etwa 12% gesenkt werden (bis zum Ende des Jahres 1931 ist dieser Index weiter auf etwa 130 gesunken und wird zweifellos im Verfolg der Notverordnung vom 8. Dezember 1931 im Laufe des Jahres 1932 noch weiterhin fühlbar sinken). Die 12%ige Senkung ist aber nur die Regel. Von ihr gibt es zwei Hauptausnahmen: Einmal sollen diejenigen Bezirksfürsorgeverbände, die seit 1926 ihre Richtsätze nicht oder nur wenig erhöht hatten, nicht gehalten sein, die Sätze unter das Maß von 1926 zu senken. Zweitens aber soll bei dieser Gelegenheit ein Ausgleich vorgenommen werden zwischen denjenigen Bezirksfürsorgeverbänden etwa gleichen wirtschaftlichen Aufbaues, die bisher besonders hohe oder besonders niedrige Richtsätze aufzuweisen hatten. Namentlich die letztere Ausnahme ist vielfach von besonders einschneidender Bedeutung. Sie hat z. B. zur Folge, daß der von mir selbst verwaltete Kreis Düsseldorf-Mettmann seine Richtsätze durchschnittlich nicht um 12%, sondern um fast 20% senken mußte. Wichtiger noch als die formalen Richtsätze ist der tatsächliche Parteiaufwand, den die Bezirksfürsorgeverbände durchschnittlich aufzuwenden haben. Betrachtet man diesen tatsächlichen kassenmäßig nachzuweisenden Aufwand je Partei der einzelnen unterstützten Gruppen (Kleinrentner, Sozialrentner, Wohlfahrtserwerbslose usw.), so ergibt sich häufig, daß bei an sich gleichen Richtsätzen sehr verschiedene tatsächliche Ausgaben herauskommen. Das liegt daran, daß manche Bezirksfürsorgeverbände bisher außer den richtsatzmäßigen Leistungen noch mehr oder minder beträchtliche Nebenleistungen, sei es in bar, z. B. Mietbeihilfen oder dergleichen, sei es in Naturalien, z. B. Lebensmittel, Kleidungsstücke und dergl., gewährt haben. Auch ist der Inhalt, die die einzelnen Bezirksfürsorgeverbände dem Begriff »Richtsatz« geben, ziemlich verschieden. In einzelnen Städten und Kreisen hat sich der Richtsatz zu einer Art Tarif entwickelt, der fast nie unterschritten, des öfteren aber überschritten wird. Andere Gemeinden fassen den Richtsatz als eine Höchstgrenze auf und geben in normalen Fällen nur einen Bruchteil dieses Richtsatzes. Wenn man also wirklich Vergleichbares vergleichen und sich ein Urteil über Sparsamkeit bei einzelnen Bezirksfürsorgeverbänden bilden will, darf man nicht nur auf die Richtsätze sehen, sondern muß den tatsächlichen Parteiaufwand der Kritik zu Grunde legen. Das ist oft leichter gesagt als durchgeführt. Das bisher vorliegende statistische Material auf diesem Gebiete ist leider nicht sehr hieb- und stoßfest; außerdem erfaßt es oft nicht alle Sonderleistungen, z. B. oft nicht die Kosten für die ärztliche Versorgung, und zwar die offene und geschlossene Versorgung der laufend unterstützten Wohlfahrtsempfänger. Um auf diesem außerordentlich wichtigen Gebiet die gebotene Klarheit zu erhalten, wäre es übrigens erwünscht, daß eine einheitliche kurzfristig zusammengestellte Statistik des Parteiaufwandes für die einzelnen Gruppen der Hilfsbedürftigen geschaffen würde, weil auf kaum einem Gebiet sonst Sparmaßnahmen stärker zu Buch schlagen als auf diesem.

Die wichtigste Gruppe unter allen Wohlfahrtsempfängern sind heutzutage fast überall die Wohlfahrtserwerbslosen. Deshalb ist auch die Frage der Bedürftigkeitsprüfung auf diesem Gebiet von besonders einschneidender Bedeutung. Ein brauchbares Mittel, die Bedürftigkeit festzustellen, ist die Pflichtarbeit. In vielen Bezirksfürsorgeverbänden besteht die m. E. sehr zweckmäßige Regelung, daß jeder Wohlfahrtserwerbslose nach seiner ersten Meldung beim Wohlfahrtsamt zunächst eine Reihe von Wochen mit Pflichtarbeit beschäftigt wird. Diese Maßnahme hat fast überall da, wo sie angewandt wird, das Ergebnis gehabt, daß doch ein nicht unerheblicher Prozentsatz der Ausgesteuerten den Gang zum Wohlfahrtsamt vermeidet. Pflichtarbeit ist ferner vor allen Dingen auch dort angebracht, wo der Verdacht besteht, daß durch Schwarzarbeit oder aus anderen Einnahmequellen der notwendige Lebensaufwand ganz oder teilweise gesichert ist. Soweit die vorstehenden Gesichtspunkte nicht in Frage kommen, erscheint allerdings anstatt der Pflichtarbeit die sogenannte Fürsorgearbeit zweckmäßiger. Diese unterscheidet sich bekanntlich von der Pflichtarbeit dadurch, daß nicht ein öffentlich-rechtliches Gewaltverhältnis, sondern ein privatrechtliches, grundsätzlich auch tarifvertraglich zu regelndes Vertragsverhältnis zwischen Bezirksfürsorgeverband und Hilfsbedürftigen besteht. Abgesehen davon, daß der Arbeitswille bei solchem vertraglichen Verhältnis wesentlich besser zu sein pflegt als bei Anwendung der Pflichtarbeit, hat es den Vorteil, daß der Fürsorgearbeiter im Laufe der Zeit wieder eine Anwartschaft auf die Arbeitslosenversicherung erwirbt und somit nach einiger Zeit aus der Betreuung der meist außerordentlich überlasteten Gemeinden wieder ausscheidet.

Ein zahlenmäßig nicht ganz so bedeutendes, aber immerhin doch wichtiges Kapitel ist die ärztliche Versorgung der Hilfsbedürftigen. Nicht selten sind die Kosten, die die Bezirksfürsorgeverbände für diesen Zweck aufwenden, pro Kopf berechnet nicht unerheblich höher als die entsprechenden Aufwendungen der Krankenkassen. Es empfiehlt sich, daß sich die Gemeinden hierüber möglichst restlose Klarheit verschaffen. Ist ein solcher Mehraufwand festgestellt, dann wird es sich vielfach empfehlen, die ärztliche Betreuung auch der Hilfsbedürftigen den Krankenkassen durch besonderen Vertrag zu übertragen. Nicht selten wird es auch zweckmäßig sein, besondere Wohlfahrtsärzte einzustellen, die gegen feste Besoldung die ärztliche Betreuung der genannten Hilfsbedürftigen übernehmen. Allerdings kann man diese Frage nicht lediglich vom finanziellen Gesichtspunkt aus betrachten. Die damit verbundene Beschränkung der freien Arztwahl für die Hilfsbedürftigen und die Ausschaltung der übrigen Ärzte aus der Versorgung eines immer größer werdenden Bevölkerungsteiles werden häufig einen so starken Widerspruch sowohl bei Hilfsbedürftigen und den ihnen nahestehenden Parteien, als auch bei den Ärzten hervorrufen, daß eine billige Regelung auf einer anderen Grundlage den Vorzug verdient.

Als letztes zum Kapitel Wohlfahrtspflege: die Krankenanstalten! Es läßt sich nicht leugnen, daß die Zahl der Kranken- und Heilanstalten in den letzten Jahren, insbesondere seit der Inflation, stark gewachsen ist, und daß die immer schwieriger werdende wirtschaftliche Lage, besonders aber auch die wachsenden Sorgen vieler Träger der Sozialversicherung, jetzt einen gewissen Bettenüberfluß in den Krankenanstalten zur Folge gehabt hat. Man wird deshalb auch nicht davor zurückschrecken dürfen, einzelne Abteilungen oder Stationen zu schließen, wo es die Verhältnisse erlauben, auch wohl ganze Anstalten stillzulegen. Namentlich die größeren Städte haben diesen Weg bereits beschritten. Auch auf diesem Gebiet, wie auf manchem anderen, hat man oft keine andere Wahl, als auf Teilgebieten Verzicht zu leisten, um jedenfalls den Kern des kommunalen Krankenhauswesens durch die jetzige schwere Zeit möglichst unversehrt hindurch zu bringen.

Ich komme zu den sächlichen Verwaltungsausgaben. Daß die Ausgaben für Kanalisation, Straßenreinigung, Müllabfuhr, Schlachthöfe und dergl. aus den eigenen Einnahmen dieser Einrichtungen (Gebühren und Beiträge) soweit irgend möglich gedeckt werden, versteht sich heutzutage wohl von selbst. Derartige Betriebe, die sich nicht selbst erhalten, haben keine Existenzberechtigung mehr. Falls eine Änderung der Gebührenpolitik nicht in Frage kommt, müssen durch organisatorische Änderungen die Fehlbeträge beseitigt werden. Auch für Märkte, Markthallen und dergl. sollten gemeindliche Zuschüsse nicht mehr gewährt werden. In einer ganzen Reihe von Fällen hat man gute Erfahrungen damit gemacht, diese Einrichtungen einfach von den allgemeinen Haushaltsplänen »abzuhängen«. Werden diese Betriebe auf sich selbst gestellt, gleichgültig ob in Form einer Gesellschaft oder nicht, — dann wird bei ihnen eine Initiative zur selbständigen Deckung ihrer Ausgaben geweckt, die im allgemeinen nicht vorhanden zu sein pflegt, wenn der Fehlbetrag einfach beim Kämmerer zur Einsetzung in den Etat zu beantragen ist.

Daß bei Hoch- und Tiefbauten äußerste Sparsamkeit notwendig ist, und daß die Ansätze hierfür in schlechten Jahren am stärksten von denen guter Jahre abweichen müssen, ist wohl selbstverständlich. Ebenso ist es leider unvermeidlich, daß die Substanz der vorhandenen Bauten nicht überall in dem bisherigen Zustande erhalten werden kann. Die gegenwärtige Lage der meisten Gemeinden kann insofern überhaupt nur mit der während des Krieges verglichen werden. In den glücklicheren Zeiten, auf deren Wiederkehr wir rechnen wollen und müssen, werden die Mittel nicht fehlen, die jetzt entstehenden Schäden wieder auszugleichen. Dies gilt auch von der Straßenunterhaltung in Stadt und Land. Reichen die vorhandenen Mittel nicht aus, um eine Straße sicher genug für normalen Verkehr zu erhalten, dann bleibt einfach nichts anderes übrig, als eine verkehrspolizeiliche Anordnung zu erwirken, nach der die Geschwindigkeit für Kraftfahrzeuge herabgesetzt oder das Befahren für Kraftfahrzeuge nur noch mit einer bestimmten Belastung oder mit bestimmter Bereifung erlaubt wird. Die Klagen der betroffenen Verkehrsinteressenten werden laut genug sein. Wie ich selbst in eigener Erfahrung festgestellt habe, wird man sich aber in vielen Fällen gar nicht anders helfen können.

Eine kommunale Aufgabe, deren Ende bis auf weiteres herangekommen ist, ist auch die Förderung des Wohnungsbaues. Das ist zweifellos um so betrüblicher, als wir offenbar auch vor dem Ende der Hauszinssteuer für den Wohnungsbau stehen. Soweit nach der 2. Preußischen Sparverordnung solche Hauszinssteuermittel noch fließen, werden sie in erster Linie zur Abdeckung etwaiger Gemeindevorschüsse verwandt werden müssen, denn in vielen Fällen ist nicht nur über das Hauszinssteueraufkommen des laufenden, sondern sogar über das Aufkommen der künftigen

Jahre verfügt worden. Hierzu zwingt schon die Rücksicht auf die Kassenlage der Gemeinden.

Daß im Gartenbau jeder Aufwand vermieden werden muß, der über das Notwendige hinaus geht, versteht sich ohne weiteres. Die laufenden Unterhaltungsarbeiten aber einzuschränken wird meistens nicht zweckmäßig sein. Denn gerade die vorhandenen Gartenanlagen der Gemeinden bieten eine besonders geeignete und erwünschte Gelegenheit, Fürsorgearbeiter zu beschäftigen.

Was die eigentlichen Versorgungs- und Verkehrsbetriebe der Gemeinden betrifft, so wird — mit alleiniger Ausnahme vielleicht hier und da des Wassergeldes — eine Heraufsetzung der Tarife im gegenwärtigen Zeitpunkt grundsätzlich nicht in Frage kommen, es sei denn, daß irgendwo abnorm niedrige Tarife gelten sollten. Im Gegenteil verlangt die Öffentlichkeit mit Recht die Senkung der Tarife. Daß die Betriebe keine Thesaurierungspolitik betreiben dürfen, sondern — soweit möglich — Überschüsse an die Gemeinden abführen müssen, ist selbstverständlich. Auf der anderen Seite wird man den Betrieben aber doch die für eine ordnungsmäßige Abschreibung der Anlagen erforderlichen Beträge lassen müssen. Ein Versorgungsbetrieb, der nicht die Mittel aufbringt, um das investierte Kapital angemessen zu verzinsen — was jetzt allerdings auf Grund der Notverordnung vom 8. Dezember 1931 in der Regel um 25% erleichtert worden ist — und seine eigenen Anlagen in vernünftiger Höhe abzuschreiben, ist ein totes Glied in der gemeindlichen Wirtschaft. In solchen Fällen sollte man sich nicht scheuen, die Frage einer Organisationsänderung gegebenenfalls auch den Anschluß an ein überkommunales Unternehmen ernstlich zu prüfen. Unter der Voraussetzung, daß die Tarifhoheit der Gemeinde einigermaßen gewahrt bleibt, ist ein rechtzeitiger Anschluß an einen größeren Partner immer vorteilhafter als ein zu langes Zögern. Bestehen Zweifel oder Bedenken innerhalb der städtischen Verwaltung, dann wird es sich im allgemeinen empfehlen, ein unparteiisches Gutachten über die bestmöglichste Organisation der Betriebe einzuholen. Von ausschlaggebender Bedeutung für den Wert eines solchen Gutachtens ist natürlich die Person und die Unabhängigkeit des Gutachters selbst. Die Gemeinden werden hierbei den Rat ihres Spitzenverbandes mit Nutzen in Anspruch nehmen können.

Es war ein trübes Bild, das ich zu entwickeln hatte, und doch liegt kein Anlaß vor zu verzagen. Wenn wir in den Gemeinden die Zähne zusammenbeißen, alle unsere Energie entwickeln und alle Initiative entfalten, die in unsern Kräften steht, dann werden wir ebenso wie in den größeren Verhältnissen von Reich und Staat auch mit den gegenwärtigen kommunalen Schwierigkeiten fertig werden. Die deutschen Gemeinden haben die wahrlich schwierigen Aufgaben, die die Kriegswirtschaft an sie stellte, gelöst, und sie sind durch die chaotischen Verhältnisse der Inflationszeit hindurch gekommen. Auch frühere Generationen haben in schwierigen Zeiten ihren Mann stehen müssen. Die Schwierigkeiten, die die Gemeinden z. B. nach den napoleonischen Kriegen überwinden mußten, sind in mehr als einer Beziehung ein lehrreiches Beispiel für unsere jetzige Lage. Wir müssen zeigen, daß wir nicht nur in glücklichen Zeiten verwalten können, denn in der Beschränkung zeigt sich erst der Meister!

Ersparnismöglichkeiten im Beschaffungswesen.

Vom Ministerialdirigenten im Büro des Reichssparkommissars
Gärtner.

Die Aufgabe des Vortrags ist es, mit den grundsätzlichen Fragen des Beschaffungswesens vertraut zu machen und dabei das besondere Aufgabengebiet der Sozialbeamten, also vor allem die Bewirtschaftung der kommunal-sozialen Anstalten, zu streifen[1]).

Unter dem behördlichen Beschaffungswesen ist die Gesamtheit der Fragen zu verstehen, die sich auf die Deckung des Sachbedarfs der Behörden beziehen.

Die Sachaufträge der öffentlichen Hand beliefen sich bis 1929 auf jährlich etwa 8 Milliarden RM. und damit auf schätzungsweise 1/10 aller deutschen Arbeitsgelegenheiten. Hieran waren die kommunalen Körperschaften mit rund 5 Milliarden beteiligt. Seit 1930 haben die Sachaufträge zwar eine starke Verminderung erfahren, trotzdem beanspruchen sie aber noch gewaltige Summen.

Wieviel von den Sachaufträgen auf die eigentlichen Beschaffungen, also die Bedarfsgegenstände der Behörden, entfällt, läßt sich mit voller Genauigkeit nicht sagen, weil die statistischen Aufzeichnungen sie nur zum Teil gesondert anführen. Fest steht freilich, daß sie einen sehr nennenswerten Umfang haben. So ist errechnet worden, daß die Gemeinden im Rechnungsjahre 1928 für Kohlen und sonstige Brennstoffe etwa 105, für Webstoffe einschließlich Bekleidung und für Lederwaren 190, für Papier und Vervielfältigung, hauptsächlich Druckkosten, sowie Büro-

---

1) Vgl. dazu: Gärtner, Das behördliche Beschaffungswesen, Heft 6 der Beiträge zur technischen Verwaltungsreform, herausgegeben vom Deutschen Institut für wirtschaftliche Arbeit in der öffentlichen Verwaltung (Diwiv), Berlin 1928; Gärtner, Beschaffungswesen der Behörden, im Handwörterbuch der Verwaltungspraxis, herausgegeben von Gärtner, Löser, Schneider, Berlin 1930, Verlag der Reichsdruckerei; Kollmann, Stellung und Aufgaben der Behörden beim Einkauf ihres Bedarfs, S. 55 u. f. in »Wirtschaftliche Arbeit in der öffentlichen Verwaltung«, Bayer. Kommunalschriften-Verlag G. m. b. H., München 1929.

und Einrichtungsgegenstände rund 415, für Lebens- und Futtermittel etwa 635 Millionen RM. verausgabten.

Ziel der Beschaffungstätigkeit ist, die notwendig zu beschaffenden Gegenstände zu angemessenen Preisen in vorgeschriebener Güte von zuverlässigen Lieferern pünktlich zu erhalten und so gleichzeitig die Haushalte der öffentlichen Körperschaften zugunsten der Steuerzahler zu entlasten.

Bei jeder Behörde soll ein Beamter mit sämtlichen Beschaffungen betraut werden, sofern nicht ihr Umfang oder ihre verschiedenartigen technischen Eigenarten Abweichungen notwendig machen. Daß sich auch der Behördenvorstand um die Beschaffungsfragen zu kümmern hat, ist selbstverständlich.

Der Sachbearbeiter muß wirtschaftlich-technisch denken können, verantwortungsfreudig und umsichtig sein, die Marktverhältnisse kennen, Sachkunde und Erfahrung besitzen, diese Kenntnisse auf dem laufenden halten und durchaus zuverlässig sein. Nur dann kann er bei den Beschaffungen den höchsten Grad der Wirtschaftlichkeit erreichen. Ist er außerstande, auf Grund eigener zuverlässiger Sachkenntnis zu beschaffen, so soll er sich durch vertrauenswürdige Sachverständige beraten lassen.

Daß es nicht immer leicht ist, eine Persönlichkeit mit solchen Eigenschaften zu finden, hat nicht zum geringsten seinen Grund darin, daß die Theorie des Beschaffungswesens noch immer nicht zu den Gebieten gehört, in denen der Beamte planmäßig ausgebildet oder gar geprüft wird.

Die Beschaffungsfrage läßt sich nun nicht losgelöst von allgemeinwirtschaftlichen Erwägungen behandeln. Sie bildet einen Teil des volkswirtschaftlich wichtigen Rationalisierungsproblems.

Was ist Rationalisierung? Es gibt Dutzende von Erklärungen des bald nach dem Kriege entstandenen Wortes, die nur das eine gemeinsam haben, daß sie mehr oder weniger voneinander abweichen. In der Tat kann man je nach der wirtschaftspolitischen Blickrichtung etwas außerordentlich Verschiedenes darunter verstehen. Der Wortstamm — ratio = Vernunft — bedeutet, daß die Rationalisierung zunächst ein Vorgang ist, der von der Vernunft getragen ist. Da nun der Begriff im Wirtschaftsleben und für das Wirtschaftsleben gebildet worden ist, kann man Rationalisierung gleichsetzen mit »Anwendung der Vernunft im Wirtschaftsleben« oder einfach mit »Wirtschaftlichkeit«. Zur Erreichung solcher Wirtschaftlichkeit bedarf es der planmäßig erschöpfenden Ausnutzung von Stoff, Kraft und Zeit mit dem Ziel, die Gütererzeugung zu verbessern, zu vermehren und zu verbilligen. Dabei ist freilich zu betonen, daß die Rationalisierung niemals Selbstzweck sein, z. B. nicht eine übersteigerte Mechanisierung mit planloser Verdrängung des Menschen durch die Maschine, zum Ziele haben darf, sondern daß sie stets der Gesamtheit der Volkswirtschaft dienen muß. Es ist nicht das Höchstmaß, das Maximum, sondern stets nur das Bestmaß, das Optimum, anzustreben.

Als Rationalisierungsarbeiten, die für das behördliche Beschaffungswesen eine besonders große Bedeutung haben und deshalb auch vom Reichssparkommissar, vom Deutschen Institut für wirtschaftliche Arbeit in der öffentlichen Verwaltung (Diwiv) und von anderen maßgebenden Stellen unmittelbar beeinflußt werden, kommen insbesondere in Betracht die Normung, die Typisierung, die Standardisierung und die Aufstellung von Lieferbedingungen.

Normung im engeren Sinne ist die Festlegung einheitlicher Maße für die auswechselbaren Einzelteile technischer Erzeugnisse, z. B. der Schreibmaschinen, der Fahrräder und der Kraftfahrzeuge, im Wege freiwilliger Vereinbarung zwischen Hersteller, Händler und Verbraucher. Sie will zugleich ungeeignete und überflüssige Ausführungen und Abmessungen und nach Möglichkeit ungeeignete Beschaffenheiten ausmerzen. Bei diesen Zielen muß sie zur größten Wirtschaftlichkeit in der Anfertigung, im Vertriebe, im Handel, in der Lagerhaltung — die nach einer Schätzung im Groß- und Einzelhandel 8 bis 10 Milliarden RM. ausmacht — und im Verbrauche führen. Sie fördert, was für das behördliche Beschaffungswesen von besonderer Bedeutung ist, die Bezugsmöglichkeiten, erleichtert die Wahl durch bewährtere Auslese, ermöglicht den Herstellern das Arbeiten auf Vorrat, sichert dadurch eine gleichmäßige Beschäftigung der Werke, verringert infolge der kleineren Gestehungskosten den Preis, verkürzt die Lieferzeit durch erleichterte Beschaffung, vereinfacht die Instandsetzung durch die weitgehende Möglichkeit der Auswechselung und vermindert die Streitfälle. Schon deshalb muß sie für tunlichst viele Bedarfsgegenstände der öffentlichen Verwaltungen angestrebt werden.

Die Arbeiten auf den einzelnen Gebieten werden von den Fachnormenausschüssen geleistet, deren Spitze der Deutsche

Normenausschuß ist. Hier soll nur auf den Fachnormenausschuß Krankenhaus, den Fanok, hingewiesen werden. Er will die Einrichtungs- und Bedarfsgegenstände, aber auch, soweit möglich, die Verbrauchsstoffe normen, die in den Krankenhäusern benötigt werden [2]). Die Bedeutung seiner Arbeiten erhellt schon daraus, daß in Deutschland etwa 4500 öffentliche und private Krankenanstalten mit einer Bettenzahl von über 600000 vorhanden sind.

Soweit die Normung durchgeführt ist, haben sich die Behörden daran zu halten, hiernach z. B. keine anderen Tastaturen für Schreibmaschinen, keine anderen Krankenbetten, keine andere Bettwäsche, Leibwäsche und Bekleidung, kein anderes Eß- und Küchengeschirr, keine anderen Verbandstoffe als die durch Normung festgelegten zu beschaffen, auf der anderen Seite aber natürlich keine der Normung zuwiderlaufenden Forderungen zu stellen, wie das leider noch häufig genug — selbst bei Papier! — vorkommt. Wenn z. B. die Vereinigung nordwestdeutscher Wohlfahrtsämter in ihren sehr wertvollen Richtlinien vom Juli 1931 über »die Aufgaben der Anstaltsfürsorge unter den gegenwärtigen Verhältnissen und unter besonderer Berücksichtigung der Finanznot« ausführt: »Den Bestrebungen auf Normung und Typisierung ist größere Beachtung zu schenken, als es bisher geschieht, *wenn sie auch durchaus nicht überall am Platze sind*«, so kann ich dieser Einschränkung der an sich dankenswerten Empfehlung nicht beipflichten. Die Gefahr, daß den Bestrebungen auf Normung und Typisierung *zu große* Beachtung geschenkt werden könnte, besteht leider nicht. Vorurteil und Unkenntnis sind dazu noch viel zu groß. Wird doch sogar noch behauptet, daß Normung die Schaffenskraft des Beamten vernichte und nicht befruchtend, sondern hemmend wirke.

Welche praktische Auswirkung die Normung hat, ergibt sich z. B. daraus, daß sich für Schreibmaschinen die Farbbandbreiten von über 10 auf 1 haben vermindern lassen, daß die Zahl der Krankenbetten für Erwachsene von rund 100 auf 2 und der Krankenbetten für Säuglinge und Kinder von rund 100 auf 4 verringert worden ist und daß die Reichsdruckerei, die jährlich

---

[2]) Vgl. dazu u. a. *Hoffmann*, Die Normung auf dem Gebiete des Krankenhauswesens, Nr. 20 der »Klinischen Wochenschrift« vom 14. Mai 1929; Mitteilungsblatt des Fanok vom 18. August 1931 mit Verzeichnis der endgültig aufgestellten und der vorbereiteten Normblätter.

etwa 3000000 kg Papier nur für amtliche Drucksachen verarbeitet, bei Beibehaltung des Folio- anstatt des Din-Formats 300000 kg im Geldwerte von etwa 200000 RM. mehr benötigen würde.

Die Typisierung ist die Festlegung der Ausführungsform maschineller Erzeugnisse, also der Abmessungen des Fertigfabrikats. Ihr Zweck ist, die Zahl der Erzeugnisse zu verringern und unnötige oder überflüssige Verschiedenheiten zu beseitigen. In Betracht kommen Gegenstände jeder Art, so elektrische Schalter, Fahrräder usw.

Die Standardisierung endlich in ihrem eigentlichen, nicht in dem weiten Sinne, der — wie in den Vereinigten Staaten — auch die Normung und die Typisierung darunter versteht, will die eindeutige Festlegung von Handelsmarken, auf die der Verbrauch eingestellt wird. Im wesentlichen findet sie Anwendung auf organischen Gebieten. So sollen das Milchgesetz und das Handelsklassengesetz für landwirtschaftliche Erzeugnisse nach dem Vorbilde anderer Staaten eine weitgehende Standardisierung herbeiführen.

Mit einer für die behördlichen Beschaffungen besonders wichtigen Aufgabe befaßt sich der Reichsausschuß für Lieferbedingungen, kurz RAL genannt. Seine Aufgabe ist, einheitliche Begriffsbestimmungen und scharf umrissene Bedingungen für die zu fordernden Eigenschaften des Materials nach bestimmten Verwendungszwecken, einheitliche Prüfverfahren für Rohstoffe, Halbfabrikate und Fertigwaren einschließlich der Lebensmittel sowie Vorschriften über Bemusterung, Probeentnahme, Lagerung usw. auf Grund gemeinschaftlicher Arbeit der sämtlichen interessierten Wirtschaftskreise zu schaffen. Damit sollen Mindestgrenzen aufgestellt werden. Die Erzeuger sollen unabhängig von landesüblichen Gebräuchen wissen, was sie zu liefern haben, Handel und Verbraucher auf der anderen Seite, was sie verlangen und welche Ansprüche sie an das Erzeugnis stellen können[3]. Ein Beispiel: Wer bisher »leinene« Bettwäsche kaufte, war nicht sicher, aus welchen Rohstoffen die erstandene Ware hergestellt war. Erst vor verhältnismäßig kurzer Zeit hat der RAL in Verbindung mit Erzeugern und Verbrauchern bestimmt, was unter »Leinen« zu verstehen ist.

Die großen Vorteile dieser Arbeiten sind leicht zu erkennen.

---

3) Die Lieferbedingungen des RAL erscheinen im Beuth-Verlag, Berlin S. 14.

Sie bestehen, um nur einiges anzuführen, für den Erzeuger in der Verringerung der Fabrikationssorten, der Herstellung guter brauchbarer und zuverlässiger Waren in großen Mengen und der Möglichkeit größerer und günstigerer Rohstoffabschlüsse, für den Händler in der Vereinfachung des Einkaufs, der weitgehenden Entlastung von Werbearbeit und Werbekosten und der Verringerung der Lagerbestände, für den Verbraucher vor allem in der Gewißheit, Waren stets gleichen Gehalts und Aussehens sowie bestimmter Ausgiebigkeit zu erhalten, für den behördlichen Verbraucher außerdem in der Vergleichbarkeit der Angebote bei Verdingungen.

Die Zentralstelle für alle die erwähnten und die sonstigen Rationalisierungsarbeiten ist in Deutschland das Reichskuratorium für Wirtschaftlichkeit, das am 10. Mai 1921 gegründet ist, seitens der Wirtschaft sowohl wie des Reichs unterstützt wird und in enger Zusammenarbeit mit verschiedenen Behörden und dem Diwiv steht.

Daß im behördlichen Beschaffungswesen trotz aller bisher schon geleisteten Arbeit in weitestem Umfange Verbesserungen möglich und notwendig sind, ist kein Geheimnis. Noch jetzt kommt es vielfach vor, daß einzelne Beschaffungsbehörden nach ihrem Ermessen allgemeine und technische Bedingungen, Abnahme- und Prüfungsvorschriften aufstellen, ohne sich um die Beschaffungsregeln anderer Behörden mit demselben oder ähnlichem Bedarf zu kümmern, und daß sie Lieferungen vergeben, ohne gleichartige oder ähnliche Vergebungen anderer Stellen nach Art, Größe und Verteilung zu kennen. Vielfach — und zwar auch in den Gemeinden — geht noch jede einzelne Dienststelle selbständig nach völlig freiem Ermessen vor.

Dieser Zustand bedeutet Unordnung in der Versorgung und Ausstattung der Behörden, häufig unvorteilhaften Einkauf und unter Umständen ungerechte und ungünstige Verteilung der Lieferungen. So sind etwa zu derselben Zeit wollene Decken von einem behördlichen Großverbraucher mit 20 und von einer anderen Beschaffungsstelle mit 12 RM. bezahlt worden, obwohl sich die Lieferungen nach Art und Güte deckten. In einem großen Lande weichen die Papierpreise in den verschiedenen Bezirken eines und desselben Verwaltungszweiges stark voneinander ab. Eine Behörde kaufte Schränke in großer Menge trotz gleicher Art und Güte zu einem um 20 RM. höheren Preise ein als eine andere ihr nahe benachbarte. Eine große Beschaffungsstelle ließ sich Koks und Briketts immer wieder von einem bestimmten Händler liefern, nur weil das jahrelanger Gewohnheit entsprach; seine Preise lagen weit über denen anderer ortsansässiger Firmen. Bei der Versorgung öffentlicher Kliniken an einem und demselben Orte ergaben sich in den Rabattsätzen für Fleischwaren Unterschiede von 10 und für Backwaren von 5 v. H. Für Butter erhielt die eine Klinik einen Preisnachlaß von 20, die andere von 25 Pf. für das Pfund, für Milch die eine 3 Pf. je Liter, während die andere den vollen Tagespreis zu zahlen hatte. Ja, es kommt sogar vor, daß die Behörden Handwerkerarbeiten nach dem alphabetischen Verzeichnis der Unternehmer im Adreßbuche vergeben, um keinen zu ärgern.

In der Regel ziehen die Lieferer aus dieser mangelhaften Zusammenarbeit der behördlichen Beschaffungsstellen ihren Vorteil. Sie können aber auch geschädigt werden, dann nämlich, wenn sich die gleichartigen Aufträge mehrerer Stellen, die keine Fühlung miteinander halten, auf kurze Zeit zusammenballen und vorübergehend zur Überarbeit nötigen, der wieder Beschäftigungsmangel folgt. Den Schaden, ausgedrückt in unpünktlichen Lieferungen, manchmal auch in erhöhten Preisen, trägt allerdings meist die Verwaltung selbst.

Jeder Beamte, der Lieferungen und Leistungen vergibt, Bestände verwaltet oder den Verbrauch regelt und beeinflußt, möge sich stets vor Augen halten, daß er Geld der Steuerzahler treuhänderisch verwaltet. Von ihm wird erwartet, daß er mindestens mit der gleichen Sorgfalt, die er bei der Verwaltung seines eigenen Vermögens anzuwenden pflegt, darauf bedacht ist, die Haushaltsausgaben niedrig zu halten. Den Gemeindebeamten sind dabei durch die Eigenart der Verteilung der Zuständigkeiten gewisse Schranken gesetzt. Trotzdem bleibt auch ihnen auf dem Gebiete der Bedarfsgestaltung und der Bedarfsdeckung ein bedeutsames Betätigungsfeld. Ich denke hier zunächst an die Einschränkung des Bedarfs nach Menge und Beschaffenheit. In den Anstalten z. B. ist, worauf die Richtlinien der Vereinigung nordwestdeutscher Wohlfahrtsämter mit Recht hinweisen, auf rechtzeitige Instandsetzung schadhafter Bekleidungs- und Wäschestücke und so auf ihre Schonung hinzuwirken, ferner etwa die kostspielige Konservenkost nach Möglichkeit einzuschränken. Künftiger Bedarf ist sorgfältig vorauszuberechnen, um Fehlbeschaffungen zu vermeiden. Der Beamte muß, wie es in dem neuerdings erschienenen Bericht des englischen Ausschusses zur Prüfung der Staatsausgaben heißt, gleich dem Privatmann ernstlich prüfen, was sich die öffentliche Verwaltung leisten kann und was nur wünschenswert ist.

Das Verständnis dafür, wie notwendig es ist, immer — auch im kleinen oder, richtiger gesagt, anscheinend kleinen — zu sparen, fehlt sehr häufig. Noch ist das Bestreben weit verbreitet, die im Haushalt einmal ausgeworfenen Beträge restlos aufzubrauchen. Die für die Verwaltung der Mittel verantwortlichen Stellen beachten nicht immer, daß der Haushalt zur Geldausgabe für einen bestimmten Zweck nur ermächtigt, nicht verpflichtet. Minderausgaben gegenüber dem Haushaltsansatz sind kein Fehler, sondern Pflicht und Verdienst jeder Verwaltung und jedes Beamten. Für die Sparmöglichkeit jedes Beamten ein Beispiel von vielen: Wenn die Beamten für jeden Verwendungszweck nur die Papiersorte gebrauchen, die gerade noch ausreicht [4]), das Papier gehörig ausnützen, den Sachbetreff angeben und so die häufigen Rückfragen ausschließen, die Zahl der Durchschläge auf das notwendigste Maß beschränken, nicht überflüssige Abschriften anfertigen lassen und in stärkerem Umfange als bisher Postkarten im dienstlichen Verkehr verwenden, so ergibt sich daraus bei dem großen Papierverbrauch der öffentlichen Verwaltung ein nennenswerter Gesamtgewinn. Und noch ein Beispiel dafür, wie viele Wenig ein Viel ausmachen! Wenn in den Kranken- und sonstigen Anstalten täglich nur 10 Pf. je Bett weniger als bisher aufgewendet würden — und das muß m. E. ohne jede Beeinträchtigung der seitherigen Versorgung möglich sein —, so wäre das gleichbedeutend mit einer täglichen Ersparnis von weit über 60000 RM.

Zu dem Sparwillen muß noch ein anderes kommen. Wir dürfen nicht in den gewohnten Formen des Dienstes erstarren, müssen uns von der Furcht vor Veränderungen und Neuerungen freimachen, über die sich als eine Eigenschaft der deutschen Beamten schon vor mehr als 100 Jahren kein Geringerer als der Freiherr vom Stein bitter beklagt hat.

Ob bei gewissen Bedarfsgegenständen Prämien für einen

---

[4]) Vgl. Papiermusterbuch für Behörden, Reichsdruckerei, Berlin, Preis für Behörden 2.50 RM.

unter dem Durchschnitt liegenden Verbrauch gewährt werden können und sollen, ist, soweit es sich um Beamte handelt, im wesentlichen eine Frage personalpolitischer Natur, die sich nicht ohne weiteres bejahen läßt. Im Anstaltsbetrieb sind sie hier und da als Belohnung für sparsamen Kohlen- und für geringen Geschirrverbrauch eingeführt. In diesem zweiten Falle werden sie aber nur zweckmäßig sein, wo das Personal wenig wechselt, weil sonst Personen Belohnungen bekommen, ohne sie verdient zu haben.

Beschaffungen sind nur bei unabweisbarem Bedürfnis, das aufs gewissenhafteste zu ermitteln ist, und zwar nur in dem unbedingt erforderlichen Umfang vorzusehen. Vorbedingung ist, daß sich der Bedarf, wie z. B. oft bei der Einrichtung von Diensträumen, nicht aus sonst noch vorhandenen Möbeln mit Hilfe von Ausgleichsstellen decken läßt, die wenigstens bei größeren Verwaltungen bestehen sollten. Völlig unzulässig ist es, über den wirklichen Bedarf hinaus aus Bequemlichkeit, zuweit gehender Vorsicht oder Ängstlichkeit Gegenstände anzufordern. Bei den Anstalten, die Arbeitstherapie betreiben, wird auch zu prüfen sein, ob und inwieweit die Insassen die benötigten Sachen herstellen können.

Vor der Beschaffung technischer Hilfsmittel ist stets eingehend zu prüfen, ob sie wirklich Vorteile bringen. Dazu dienen Wirtschaftlichkeitsberechnungen. Wenn Gebrauch und Ausnutzung einer Büromaschine den Anlagekosten entsprechen sollen, muß die Arbeitsmenge groß genug sein, um die Aufwendungen für die Maschine durch Personalersparnis in einem annehmbaren Zeitraum — etwa in 5 Jahren — wettzumachen und darüber hinaus noch einen Gewinn zu erzielen. Sonst kommt beispielsweise an Stelle einer Vervielfältigungsmaschine das Durchschreibeverfahren in Betracht oder ist nach Befinden anzustreben, unvollkommen ausgenutzte Maschinen anderer Verwaltungen im Wege der Füllarbeit, sei es mit, sei es ohne Kostenerstattung, heranzuziehen.

Natürlich darf es nicht darauf ankommen, eine eindrucksvolle Anlage zu erhalten, sondern nur darauf, eine zweckvolle, d. h. eine, die nicht mehr kostet, als unbedingt nötig ist, aber alles leistet, was von ihr vernünftigerweise verlangt werden kann. Anderseits muß beim Ankauf die Entwicklung berücksichtigt werden. Es wäre falsche Sparsamkeit, wenn zunächst eine weniger leistungsfähige, aber für den Augenblick genügende Maschine beschafft würde, obwohl zu übersehen ist, daß bald eine größere Anlage nötig sein wird.

Gewandte Vertreter der Büromaschinenindustrie verstehen es allzuoft, den Büro- oder Kanzleivorstehern Maschinen aufzureden, die an sich gut sein mögen, deren Leistungsfähigkeit aber das Bedürfnis weit übersteigt und die deshalb für ihren Zweck zu teuer sind. Dies gilt auch für gewisse kostspielige Karteisysteme. Im Diwiv besteht eine Auskunftsstelle der kommunalen Spitzenverbände für Büromaschinen und Bürobedarfsgegenstände, die in der Lage ist, über die Eignung neuzeitlicher Hilfsmittel zu beraten, wenn ihr Zweck und die von ihr verlangte Leistung mitgeteilt werden [5]).

Die Zeiträume, für die Bedarfsmengen beschafft werden müssen, sind je nach Art und Verwendungszweck der Gegenstände verschieden. Beim Hersteller oder im Handel leicht greifbare — sogenannte marktgängige — Waren sind, wenn nicht konjunkturpolitische oder Ersparnisgründe, z. B. Mengennachlässe, entgegenstehen, im allgemeinen nur von Fall zu Fall einzukaufen. Anders liegt es, wenn stets ein gewisser Vorrat gehalten werden muß oder wenn besonders preiswerte Angebote abgegeben sind, während später mit Sicherheit Mehrkosten zu entrichten wären. Bei Gegenständen, die erst besonders angefertigt werden müssen, ist die Herstellungszeit mit zu berücksichtigen.

Die Vorräte müssen stets so gering wie möglich bemessen werden. Große Lagerbestände verursachen besondere Kosten für Verzinsung, Lagerräume, Lagerverluste und Verwaltung, z. B. für fortlaufende Überwachung und Listenführung. Außerdem besteht die Gefahr der Entwertung der Vorräte durch technische Fortschritte oder — was beim Anstaltsbedarf besonders auf Getreidefabrikate wie Graupen, Grütze, Gries, Flocken und Mehl zutrifft, die im Gegensatz zu Reis und Kaffee leichtem Verderben ausgesetzt sind — durch langes Lagern. Deshalb ist darauf hinzuwirken, daß in allen Fällen, wo es möglich oder wirtschaftlich ist, die Bedarfsgegenstände ohne Zwischenlagerung jederzeit unmittelbar vom Lieferer abgerufen werden können. Soweit Vorratslager unbedingt notwendig sind, muß eine sorgfältige

5) Außerdem unterhält das Diwiv in seinen Räumen Berlin W 8, Charlottenstraße 50/51, eine Musterausstellung von Bürogeräten, die einzigartig ist und deren Besuch deshalb dringend empfohlen werden kann.

Lagerprüfung durchgeführt werden, damit sich jederzeit ein Überblick über den Bestand, Umsatz usw. gewinnen läßt. Bei gleichartigem Bedarf empfiehlt sich die Einrichtung von Sammellagern. Soweit die Beschaffungsgegenstände nur einen geringen oder vorübergehenden Wert haben oder schnellem Verbrauch unterliegen, genügen selbstverständlich einfache Maßnahmen.

Zur Sicherung pfleglichen Umgangs mit den Beschaffungsgegenständen dient ihre Kennzeichnung als öffentliches Eigentum, wo es zur Vermeidung von Mißbrauch nötig erscheint, die technische Möglichkeit dazu gegeben ist und es nicht eine Belastung für Hersteller und Händler bedeutet, der kein entsprechender Nutzen gegenübersteht. In Betracht kommen also insbesondere Papier, Bleistifte, Glühlampen und Wäsche. Wichtig ist die Wahl eines gemeinschaftlichen Kennzeichens für Reich, Länder, Gemeinden und Gemeindeverbände, weil eine Vielheit — etwa die Benennung der einzelnen Anstalten — Erzeuger, Handel und öffentliche Finanzen unnütz belastet. Es sollte stets das Wort »Behördeneigentum« gewählt werden.

Was die behördlichen Beschaffungen im einzelnen anlangt, so ist allgemein folgendes zu sagen:

1. In erster Linie sind die Interessen der Verwaltung zu wahren, die Lieferung also an fachkundige, leistungsfähige und zuverlässige Bewerber zu vergeben. Andererseits kommt es darauf an, die Beschaffungen unter Berücksichtigung der allgemein-wirtschaftlichen Interessen zu bewirken.

2. Auf Grund eines Reichstagsbeschlusses vom 9. März 1921 ist ein Reichsverdingungsausschuß eingesetzt worden, in dem die Reichs-, die Landes- und die kommunalen Verwaltungen, die Wirtschaftsverbände und die Vereinigungen der Arbeitnehmer vertreten sind. Seine Aufgabe ist, für die Vergebung von Leistungen und Lieferungen einheitliche Grundsätze zu schaffen. Er hat zunächst im Jahre 1926, weil am dringlichsten, eine Verdingungsordnung für Bauleistungen aufgestellt, die inzwischen bei den Reichsbehörden, bei den meisten Landesbehörden, bei der größten Zahl von Gemeinden und in vielen Privatbetrieben eingeführt worden ist. Nunmehr stehen die »Allgemeinen Vertragsbedingungen für die Ausführung von Lieferungen und Leistungen (ausgenommen Bauleistungen)« zur Beratung, die, anders als die des RAL, allgemein die rechtlichen Beziehungen zwischen den Lieferern und den beschaffenden Behörden des Reichs, der Länder und der

Gemeinden aus den abzuschließenden Kauf-, Werk- und Werklieferungsverträgen regeln und so mit der Buntscheckigkeit aufräumen sollen, die noch immer herrscht. Anschließend werden die allgemeinen Bedingungen für die Vergebung von Lieferungen und Leistungen bearbeitet werden. Sobald die allgemeinen Lieferungs- und Vergebungsvorschriften erlassen sein werden, sind sie bei allen Beschaffungen unbedingt zu befolgen.

3. Alle Lieferungsverträge sind unter genauer Festlegung der Bedingungen abzuschließen. Grundsätzlich ist die schriftliche Form zu wählen. Zu ihrer Wahrung bedarf es nicht immer förmlicher Vertragsurkunden. In geeigneten Fällen genügen Auftragsschreiben und deren schriftliche Bestätigung.

4. Außer bei Regieverträgen, auf die hier nicht eingegangen zu werden braucht, sind in jedem Falle Festpreise nach Gewicht, Maß oder Stück zu vereinbaren. Gleitende Preise sind zwar noch vielfach üblich und neuerdings z. B. wieder in den Richtlinien der Vereinigung nordwestdeutscher Wohlfahrtsämter empfohlen worden, sollten aber aus dem behördlichen Beschaffungswesen baldigst verschwinden. Sie üben häufig gerade auf die gewissenhaftesten Beamten einen großen Anreiz aus, weil es auf den ersten Blick so scheint, als könne durch ihre Vereinbarung jeder Verlust abgewendet werden. In Wahrheit verschieben sie das Risiko, das der Natur nach beim Verkäufer zu liegen hat, einseitig auf den Abnehmer und begünstigen sie Preissteigerungen zum Nachteil der allgemeinen Wirtschaft. Dazu kommt, daß bei Abschlüssen zu Gleitpreisen in der Regel eine feste Preisbemessungsgrundlage fehlt. »Ortsübliche«, »Markt-«, »Tages-« oder »Ladenpreise« können sie bei ihrer Unbestimmbarkeit nicht bilden. Selbst Börsenpreise sind nicht immer eindeutig genug festzustellen.

Es ist kennzeichnend, daß z. B. eine so große Beschaffungsstelle wie die Deutsche Reichsbahn-Gesellschaft auf Grund ihrer Erfahrungen Abschlüsse zu Gleitpreisen nicht mehr zuläßt.

Natürlich bedeutet das nicht, daß Festpreise auch für Bedarfsgegenstände, die starken, saisonmäßig bedingten Preisschwankungen zu unterliegen pflegen, oder in Zeiten, in denen starke Preisveränderungen — besonders nach unten — zu erwarten sind, langfristig vereinbart werden müßten. In solchen Fällen sollen die Beschaffungsstellen für kürzere Zeiträume vergeben oder freihändig beschaffen.

5. Vor der Abnahme sind die Bedarfsgegenstände von

hierfür geeigneten und zuverlässigen Beamten auf Maß, Zahl und Gewicht sowie besonders auf die vorschrifts- oder vertragsmäßige Beschaffenheit zu prüfen. Der Abnahme kommt eine Bedeutung zu, die oft unterschätzt wird. Die besten Verträge nutzen nichts, wenn bei der Abnahme die nötige Sorgfalt und Sachkunde fehlt. Die Küchenbedürfnisse und unter ihnen das Fleisch spielen dabei eine besondere Rolle. Nicht der Köchin darf die Abnahme überlassen bleiben, sei sie auch noch so zuverlässig; vielmehr sollte der Verwaltungsbeamte es als seine Aufgabe betrachten, täglich bei der Einlieferung der Fleisch- und Wurstwaren zugegen zu sein. Der Erfolg wird sich in der Verminderung der Verpflegungsausgaben zeigen.

6. Die Rechnungen für die beschafften Gegenstände werden im allgemeinen durch die belieferten Stellen nach der Abnahme unmittelbar an den Lieferer bezahlt, und zwar unter Ausschaltung jeder nicht gebotenen Verzögerung. Bei größeren Aufträgen oder wenn eine Rechnung aus besonderen Gründen nicht alsbald zur Zahlung angewiesen werden kann, sind Abschlagszahlungen zulässig, die sich dem Werte der in das Eigentum der Behörde bereits übergegangenen Teillieferungen anzupassen haben. Die Zahlung ist, wenn es sich nicht um ganz geringfügige Beträge handelt, grundsätzlich bargeldlos zu bewirken.

Die besonderen Arten der Bedarfsdeckung sind:

1. das öffentliche Ausschreiben, auch öffentliche Vergebung genannt,
2. das beschränkte Ausschreiben oder die beschränkte Vergebung,
3. der freihändige Einkauf, d. h. die Beschaffung unter Ausschaltung von Ausschreiben.

Außerdem kommen Regie- und Monopolverträge in Betracht, die aber nur für einige wenige Verwaltungen eine Rolle spielen.

Ob die Beschaffungen auf dem einen oder anderen Wege zu bewirken sind, läßt sich allgemeingültig nicht sagen. Voraussetzung für die Ausschreibung sind jedenfalls eindeutige Bedingungen, ohne die eine Vergleichbarkeit der Angebote fehlen würde.

Das öffentliche Ausschreiben, d. h. das Heranziehen einer unbeschränkten Zahl von Bietern, erfordert gewöhnlich eine lange Zuschlagsfrist und erhebliche und kostspielige Verwaltungsarbeit. Zahlreiche Firmen lassen sich die Bedingungen kommen, eine Menge von Angeboten — z. T. mit unhaltbaren Preisberechnungen — geht ein, leistungsschwache Firmen reichen die billigsten Angebote ein, ohne die Verträge später halten zu können, über unbekannte Firmen müssen erst Erkundigungen eingezogen werden, deren Wert häufig zweifelhaft ist, u. ä. m.

Zu entbehren ist das öffentliche Ausschreiben aber trotzdem schon deshalb nicht, weil es wünschenswert sein kann, auf neue Firmen aufmerksam zu werden.

Das beschränkte Ausschreiben, d. h. die Aufforderung einer beschränkten Zahl von Bietern zur Abgabe von Angeboten, sollte die Regel bilden. Dabei ist jedoch darauf zu achten, daß der Teilnehmerkreis stets groß genug gehalten wird, um monopolistischen Tendenzen entgegenzuwirken. Wie groß die Zahl der zum Wettbewerb aufzufordernden Unternehmer im Einzelfalle sein soll, hängt vom Gegenstand und vom Umfang der Lieferung oder Leistung ab. Unter 6 sollte nur ganz ausnahmsweise gegangen werden. Eine allzu ausgedehnte Aufforderung wieder ist geeignet, den Charakter des beschränkten Ausschreibens zu verwischen. Nur bei ganz großen Objekten, die in Lose geteilt werden, empfiehlt es sich, die Grenze weit zu ziehen. Auf angemessenen Wechsel unter den aufzufordernden Firmen ist besonders zu achten. Jede Ausschreibung muß den Gegenstand so deutlich bezeichnen, daß die Bewerber über Art und Umfang der geforderten Lieferung oder Leistung und über die sonstigen Bedingungen völlig im klaren sind. Unklarheiten führen zu unerwünschten Streitigkeiten und gerichtlichen Auseinandersetzungen.

Die Namen der im beschränkten Ausschreiben aufgeforderten Unternehmer sind streng geheim zu halten.

In den dem Ausschreiben zugrunde liegenden Lieferbedingungen sind die Bewerber bis zum Ablauf der Zuschlagsfrist an ihre Gebote zu binden. Das erscheint selbstverständlich, ist es aber keineswegs. Wer sich nicht bindet, kann nicht berücksichtigt werden. Andererseits sind die Zuschlagsfristen so kurz wie möglich und jedenfalls nicht länger zu bemessen, als zur Bearbeitung der Angebote nötig ist.

Die Angebote wurden bisher gewöhnlich in öffentlichen Terminen und in Gegenwart der erschienenen Bieter geöffnet und verlesen. Hiergegen bestehen vom Gesichtspunkt der Verwaltung wie der Bieter aus Bedenken. Dieses Verfahren begünstigt Ringbildungen und Preisverabredungen. Mancher Bieter fürchtet den Einblick der Konkurrenz in sein Angebot. Er wünscht nicht, sein aus bestimmten Gründen besonders billiges Angebot — sei es, daß er eine Konkursmasse verwertet oder versucht, über eine Geschäftsflaute hinwegzukommen, — den Mitbewerbern bekannt werden zu lassen. Was mit der öffentlichen Bekanntgabe erreicht werden soll, nämlich größte Sicherheit und das Vertrauen in die ordnungsmäßige Durchführung des Verfahrens, läßt sich auch durch geeignete Verwaltungsmaßnahmen gewährleisten, so durch Heranziehung eines zweiten unbeteiligten Beamten und verhandlungsschriftliche Festlegung des Verfahrens.

Bei beschränktem Ausschreiben gebührt der Zuschlag in der Regel dem Mindestfordernden. Denn gegen die Zuverlässigkeit eines von ihr selbst herangezogenen Bewerbers wird die Verwaltung nichts einwenden können. Ausnahmen von dem Grundsatze kommen nur in Frage, wenn das niedrigste Gebot offenbar unangemessen ist. Die Betonung liegt hier auf »offenbar«. Man hüte sich, dabei zu weit zu gehen. So wenig die Verwaltung einen Unternehmer schädigen soll, der sich offensichtlich geirrt hat, so wenig darf sie ein Angebot zurückweisen, nur weil es besonders niedrig erscheint. In geeigneten Fällen schafft eine kurze Anfrage Klarheit darüber, ob ein Irrtum vorliegt. Der zuweilen vorgeschlagene Grundsatz, das »mittlere« oder das »angemessene« Angebot, nicht das niedrigste zu berücksichtigen, ist für das beschränkte Ausschreiben abzulehnen. Was »angemessen« ist, ergibt sich hier aus dem Wettbewerb unter ausgewählten Bietern.

Etwas anders liegt es beim öffentlichen Ausschreiben. Hier kann es in der Tat notwendig sein, auffallend niedrige Angebote unzuverlässiger oder unbekannter Unternehmer auszuschalten, um die Verwaltung vor Schaden zu bewahren. Doch ist auch dabei Vorsicht am Platze, um den Wettbewerbsgedanken nicht zu schädigen.

Im übrigen ist die Höhe des Angebots ja nur dann allein entscheidend, wenn die Beschaffenheit der Lieferung oder Leistung unzweideutig feststeht. Läßt das Ausschreiben darin Spielraum, so ist bei der Beurteilung des Preises auch die Beschaffenheit der Ware zu berücksichtigen. Die Anforderungen an sie sollten über ein handelsübliches Mittelmaß nicht hinausgehen. Zu scharfe Bedingungen beeinflussen zwar den Preis, lassen sich aber in der Praxis schwer einhalten.

Ergibt sich bei Berücksichtigung aller Umstände, daß die

geforderten niedrigsten Preise angemessen sind, so erscheint es entgegen noch häufig bestehender Gepflogenheit nicht richtig, das Verdingungsverfahren aufzuheben und den Versuch einer weiteren Preisherabsetzung im Wege der Einzelverhandlung zu unternehmen. Der Erfolg kann kein anderer sein, als der, daß in Zukunft die bietenden Firmen in der Erwartung späteren Druckes von wirklich ernsthaften Bewerbungen absehen. Ebenso ist davor zu warnen, einen Bieter in das niedrigste Angebot eines anderen »eintreten« zu lassen. Das verstößt gegen Treu und Glauben und kann die auf diese Weise hinausgedrängten Bieter für die Zukunft von der Beteiligung abhalten. Wer Wert auf den Zuschlag legt, soll von vornherein und bei jedem Ausschreiben aufs neue scharf kalkulieren. Bisherige Lieferungen geben noch nicht das Recht oder die Aussicht auf Dauerberücksichtigung. Auch ein Wechsel ist manchmal gut und erfrischend. Die damit verbundenen kleinen Unbequemlichkeiten für die Verwaltung machen sich bezahlt.

Ist kein annehmbares Angebot eingegangen, so bleibt nichts übrig, als das Verdingungsverfahren aufzuheben und es zu wiederholen oder zur freihändigen Vergebung der Aufträge überzugehen.

Ein grundsätzlicher Ausschluß nicht ortsansässiger Bieter oder ihre Nichtberücksichtigung trotz offensichtlich günstigerer Angebote ist, gesamtwirtschaftlich gesehen, nicht berechtigt.

Freihändiger Einkauf ist angebracht

- für geringfügigen Bedarf, der eine Ausschreibung nicht lohnt,
- für Bedürfnisse mit starken Preisschwankungen nach Jahreszeit und Beschaffenheit, wie frisches Gemüse und frisches Obst,
- für syndizierte oder sonst unter Preisbindungen stehende Sachen, soweit nicht Außenseiter oder Händlerrabatte in Frage kommen,
- für patentamtlich geschützte Gegenstände,
- für Gegenstände, deren Herstellung besondere Kunstfertigkeit oder Erfahrung fordert,
- bei besonderer Dringlichkeit,
- wenn die Lieferung oder Leistung nicht völlig eindeutig bezeichnet werden kann und
- wenn das Ausschreiben kein annehmbares Ergebnis hatte.

Auch sonst wird hin und wieder aus besonderem Anlaß, also nicht grundsätzlich, freihändig beschafft werden dürfen. Wenn z. B. Wohlfahrtsämter der Gemeinden, die Naturalunterstützung leisten, vielfach Schuhe, Kleidungsstücke und Wäsche in Ausverkäufen oder unter Ausnutzung anderer besonders günstiger Gelegenheiten erwerben, so ist dagegen nichts einzuwenden, wenn es sich nicht z. B. um die Förderung von Schleuderverkäufen handelt. Hier kommt die Deckung eines augenblicklichen und vorübergehenden Bedarfs in Betracht. Die Ansprüche an Haltbarkeit z. B. brauchen deshalb nicht so hoch geschraubt zu werden, wie das etwa beim Erwerb für ein Krankenhaus nötig wäre.

Daß auch freihändig sparsam eingekauft werden muß, ist selbstverständlich.

In jedem Falle haben die vergebenden Stellen aktenkundig zu machen, warum diese oder jene Beschaffungsart gewählt und, soweit das in Betracht kommt, der Zuschlag erteilt worden ist. Sich hierüber unterrichten zu können, ist für die Vorgesetzten und für die Prüfungsbehörden notwendig.

Innerhalb der Beschaffungsarten unterscheidet man zusammengefaßte (zentrale) und verteilte (dezentrale) Beschaffungen. Zusammengefaßte Beschaffung liegt, wie das Wort besagt, dann vor, wenn eine Verwaltung oder eine Mehrheit von Verwaltungen ihren Bedarf von einer Stelle aus vergibt, die ihn ermittelt, dann ausschreibt und die Verträge schließt. Die Abnahme und Bezahlung der Lieferungen kann je nach den Umständen der vergebenden Stelle vorbehalten oder auch den — über die Bedingungen und Preise natürlich unterrichteten — einzelnen Bedarfsstellen überlassen werden. Die zusammengefaßte Beschaffung kann sich auch auf den Abschluß von Rahmenverträgen beschränken, auf Grund deren die angeschlossenen Dienststellen ihren Bedarf laufend abrufen und bezahlen.

Wenn der Begriff der zusammengefaßten Beschaffung darüber hinaus so gedeutet wird, als verbiete er in jedem Falle die Einschaltung des Handels oder die Berücksichtigung mehrerer Bewerber, so ist das falsch.

Nicht zuletzt auf diese irrige Auslegung ist es zurückzuführen, daß wenige Probleme des Beschaffungswesens so heftig umkämpft worden sind und noch werden, wie das der zentralen Beschaffung. Tatsächlich geht es im wesentlichen nur um die Teilfrage, ob der Handel ausgeschaltet werden soll oder nicht. Denn daß an sich die zusammengefaßte Beschaffung für viele Bedarfsgegenstände durch wesentliche Vorteile gerechtfertigt, ja notwendig ist, wie sie sich auf der anderen Seite für manche Sachaufträge von selbst verbietet, wird kaum mehr bestritten.

Für die zusammengefaßte Beschaffung auf den dafür gewählten Gebieten sprechen gewichtige Gründe. Daß sie z. B. sonst nicht erreichbare günstige Bezugsbedingungen ermöglicht, liegt auf der Hand. Auf die ist aber zu dringen. Denn es ist nicht einzusehen, warum gerade die öffentlichen Verwaltungen auf die Vergünstigungen verzichten sollen, die jedem anderen Großabnehmer ohne weiteres eingeräumt werden und auch ohne Schaden eingeräumt werden können, weil die zusammengefaßte Bestellung und die Einheitlichkeit der Anforderungen die Unkosten des Lieferers vermindern. Dazu kommt weiter, daß es eine erhebliche Verwaltungs- und Verrechnungsmehrarbeit bedeutet, wenn eine große Zahl von Beamten, die vielfach die notwendige Fachkunde nicht haben und nicht haben können, mit ein und derselben Aufgabe befaßt wird, die preiswerteste Bezugsquelle zu ermitteln. Bei der Zusammenfassung wird die Beschaffung durch die material- und geschäftskundigste Stelle besorgt. Wenn einzelne Dienststellen oder Beamte der zusammengefaßten Beschaffung widerstreben, weil sie davon eine Beeinträchtigung ihrer Entschließungsfreiheit befürchten, so ist das nicht richtig. Die Beschaffungsstelle greift nicht in die Bedarfsermittlung ein. Sie soll nur einheitlich und möglichst günstig vergeben. Freilich dürfen die Bedarfsstellen nicht der Gefahr erliegen, bei ihren Anmeldungen allzu vorsorglich den Bedarf zu überschätzen.

Nach alledem wird den Richtlinien der Vereinigung nordwestdeutscher Wohlfahrtsämter nur zuzustimmen sein, wenn sie für gewisse Waren — genannt sind Margarine, Gemüsekonserven, Seife, Fußbodenöl, Bohnerwachs, »ein Teil« Leinen-, Baumwoll- und Wollgewebe, Schlafdecken, Glühlampen, Düngemittel — die zentrale Vergebung empfehlen. Ja, man wird noch darüber hinausgehen können. So eignet sich nicht nur »ein Teil« der Leinen, Baumwoll- und Wollgewebe, sondern die gesamte Wäsche im weitesten Sinne für die zusammengefaßte Vergebung. Auch auf die meisten Küchenbedürfnisse — Fleisch, Brot, Milch, Kartoffeln, Kaffee, Reis, Getreidefabrikate, Fette — trifft dies zu.

Die Ansichten darüber, ob bei der zusammengefaßten Beschaffung die Mitarbeit des Handels in Anspruch genommen werden soll oder nicht, gehen stark auseinander. Sie treffen sich aber darin, daß er dort, wo er die notwendige Verbindung zwischen

Erzeuger und Verbraucher darstellt, nicht ausgeschaltet werden kann und darf. Tritt man aber auf diese Grundlage, so bleiben praktisch nur wenige dem Handel kaum fühlbare und von ihm auch ernstlich nicht angefochtene Fälle übrig, wo die Verwaltung seiner entraten kann.

Die verteilte Beschaffung kann frei oder gebunden sein, im letzteren Falle wird sie einheitliche Beschaffung genannt. Ihre Ziele sind:

1. die technische Vereinheitlichung derjenigen Stoffe und Gegenstände, die bei mehreren Verwaltungen oder Teilen einer Verwaltung zur Erfüllung gleicher und ähnlicher Zwecke gebraucht werden, so die Schaffung einheitlicher Güte- und Abnahmevorschriften,
2. soweit es sich um nach Art, Menge und Verteilung hierzu geeignete Gegenstände handelt, die Verständigung möglichst vieler Behörden über die Menge und Preise der Beschaffungsgegenstände sowie über ihre zeitliche und örtliche Verteilung.

So werden die Nachteile des jetzt noch häufigen planlosen Nebeneinanderarbeitens mehrerer Stellen auf dem gleichen Gebiete beseitigt.

Innerhalb großer Verwaltungen wird vielfach schon seit langem zur Vermeidung von Unordnung und Verschwendung für die Einheitlichkeit der Beschaffungen gesorgt. Darüber hinaus müssen aber die Beschaffungsstellen in den verschiedenen Verwaltungen, also etwa kommunale und staatliche Krankenanstalten, für die einzelnen dazu geeigneten Gegenstände des Behördenbedarfs in loser Gemeinschaftsarbeit unter Wahrung ihrer vollen Entscheidungsfreiheit zusammengeführt werden, um insbesondere möglichst von allen beschaffenden Behörden durch Fragebogen oder sonst Nachrichten über den Umfang, die Preise und die Art der vergebenen Lieferungen sowie über die Lieferfirmen einzuholen und zu verarbeiten, den Austausch von Erfahrungen zwischen den einzelnen Beschaffungsstellen mündlich oder durch vertrauliche, also nur für den Dienstgebrauch bestimmte, Auskünfte herbeizuführen, auf diesen Wegen den sämtlichen angeschlossenen Behörden die günstigsten Bezugsquellen zu vermitteln und bei der Bearbeitung einheitlicher Lieferbedingungen mitzuwirken. Daneben sollen diese Arbeitsgemeinschaften zu einem zweckmäßigen wirtschaftlich-sozialen und zeitlichen Ausgleich bei der Verteilung von Aufträgen an Industrie und Handel beitragen. Die Geschäftsführung soll jeweils die hauptbeteiligte und deshalb auch sachkundigste Behörde übernehmen.

Von größter Bedeutung ist der planmäßige Ausbau der Arbeitsgemeinschaften, der umso leichter sein sollte, als er die Verwaltungen von der politischen und organisatorischen Seite her wenig oder gar nicht berührt und auf der anderen Seite große Ersparnismöglichkeiten bietet.

Ein Beispiel bildet das Gebiet der Büromaschinen und der Bürobedarfsgegenstände. Hierfür besteht die schon erwähnte Auskunftsstelle der kommunalen Spitzenverbände beim Diwiv, das seinerseits wieder in engster Fühlung mit den Behörden arbeitet.

Zuletzt mögen von den allgemeinen Fragen des behördlichen Beschaffungswesens noch zwei kurz gestreift werden.

Zunächst das Problem des Hersteller- und Händlergewinns bei behördlichen Käufen! Es wird immer wieder behauptet, daß die Neuregelung des Beschaffungswesens durch die Behörden nichts als eine »Preisdrückerei« bezwecke. Diese Klage ist unbegründet. Es ist eine Selbstverständlichkeit, daß die Behörden bei ihren Beschaffungen — auch bei freihändigen Einkäufen von beträchtlicherem Werte — für sich die Preise der Großverbraucher fordern und fordern sollen. Eine ebensolche Selbstverständlichkeit ist es aber auch, daß sie dem Erzeuger und dem Händler aus wohlerwogenen wirtschafts- und sozialpolitischen Gründen eine angemessene Verdienstspanne la sen müssen. Reine Fiskalität führt zwar schnell zu einer wirksamen Entlastung des Haushalts, schlägt aber u. U. in eine Belastung der allgemeinen Wirtschaft um, die viel schwerer als diese Ersparnis wiegen kann. Deshalb hat z. B. die Reichspostverwaltung in ihren Richtlinien für das Beschaffungswesen ausdrücklich betont, daß sie keine für den Lieferer — und daher auch den Händler — untragbaren Schleuderpreise, wohl aber peinlichste Beachtung des Grundsatzes »Beste Ware zu angemessenen Preisen« wünsche. Es handelt sich somit nur darum, was unter »angemessen« zu verstehen ist. Hierbei ist zu berücksichtigen, daß die Behördenaufträge kein Wagnis bedeuten, daß der schnelle Eingang der Zahlung gesichert ist, ja sogar ein Abschlag darauf geleistet werden kann, und daß der Handel den Beschaffungsstellen gegenüber im wesentlichen keine Werbetätigkeit zu entfalten braucht.

Ausländische Erzeugnisse sollten — von Fällen abgesehen, die hier nicht in Betracht kommen, wie z. B. Preiskämpfen —

nur beschafft werden, wenn es sich um unentbehrliche Spezialgegenstände handelt, die in Deutschland noch nicht oder nicht in der notwendigen Vollkommenheit hergestellt werden. Unentbehrlich sind z. B. in der Regel nicht Konserven wie Ölsardinen und dergl., die weniger Nähr- als Geschmackswert haben, trotzdem aber in den Anstalten vielfach allgemein verabreicht werden.

Reformbedürftigkeit der Wohlfahrtspflege.

Von Stadtrat Dr. **Muthesius,**
stellvertr. Bürgermeister des Bezirksamts Berlin-Schöneberg.

Das Thema »Reformbedürftigkeit der Wohlfahrtspflege« ist im Frühjahr des Jahres 1931 aufgestellt worden, als noch niemand von uns eine Vorstellung von der katastrophalen Entwickelung der Wirtschafts- und Finanzverhältnisse vom Sommer, Herbst und Winter 1931 haben konnte. Das Thema hat heute zweifellos einen anderen Klang als im Frühjahr 1931. Es kommt noch hinzu, daß eine Reihe von Fragen, die an sich zu einem Vortrag über die Reformbedürftigkeit der Wohlfahrtspflege gehören würden, in anderen Vorlesungen dieses Kursus behandelt werden; insbesondere werden Arbeitslosenversicherung, Krisenfürsorge und Fürsorge für Wohlfahrtserwerbslose an anderer Stelle eingehend besprochen. Es ist auch ein besonderer Vortrag über Sparmaßnahmen und Notstandsprogramm vorgesehen worden. Das ergibt für einen Vortrag über Reformbedürftigkeit der Wohlfahrtspflege insofern gewisse Schwierigkeiten, als die Frage der Behandlung der Wohlfahrtserwerbslosen eigentlich im Mittelpunkt aller Erörterungen über die Wohlfahrtspflege zu stehen pflegt und Erörterungen über Spar- und Notstandsprogramm aus naheliegenden Gründen auf größeres Interesse stoßen als theoretische Ausführungen über eine allgemeine Reform der Wohlfahrtspflege. Über diese beiden Punkte soll in den einleitenden Worten deshalb nur folgendes gesagt werden: Die Fürsorge für Wohlfahrtserwerbslose bedeutet Sicherstellung des Lebensunterhalts für ständig sich mehrende Massen arbeitsfähiger Teile der Bevölkerung. Diese Sicherung des Lebensunterhalts für Arbeitsfähige ist eigentlich nicht eine Aufgabe, die mit Mitteln und Kräften der Fürsorgepflichtverordnung geleistet werden kann. Insofern kann man sagen, daß mit der Sorge für die Wohlfahrtserwerbslosen der behördlichen Wohlfahrtspflege Aufgaben überlassen sind, für die dieser Teil der öffentlichen Verwaltung nicht geschaffen war und nicht eingerichtet ist. Wenn man aber ein Werkzeug an falscher Stelle zu einem falschen Zweck verwendet, kann man sich nicht wundern, wenn die Ergebnisse nicht immer befriedigen. Auf die Reformvorschläge in dieser Hinsicht, z. B. die von den kommunalen Spitzenverbänden empfohlene Reichsarbeitslosenfürsorge sei nur verwiesen. Bei den Erörterungen über ein Spar- oder Notstandsprogramm aber darf nicht übersehen werden, daß zwischen einem Spar- und einem Notstandsprogramm wesentliche Unterschiede bestehen. Die Unterschiede beruhen vor allem in der Verschiedenartigkeit der Finanzierung. Wir sind daran gewöhnt gewesen, den Finanzbedarf der Wohlfahrtspflege nach der Notwendigkeit der Ausgaben zu bestimmen, wobei die Wohlfahrtspflege selbst über den Begriff der Notwendigkeit entschied. Die Einnahmen mußten sich nach den Ausgaben richten. Wir verlangten, daß der Bedarf an Mitteln von uns selbst festgestellt wurde. Zunehmende Finanzschwierigkeiten führten zu Sparprogrammen, d. h. zu Programmen, die zwar den Bedarf einschränkten, aber die Finanzierungsmethode grundsätzlich unangetastet ließen. Der Gesamtstand der Fürsorge blieb als solcher erhalten. Sparprogramme wurden im allgemeinen von der Wohlfahrtspflege selbst aufgestellt. Ein Notstandsprogramm aber ist etwas wesentlich verschiedenes. Ein Notstandsprogramm beruht darauf, daß die für öffentliche Zwecke zur Verfügung stehenden Mittel so eingeschränkt werden, daß grundsätzlich für die Durchführung der Wohlfahrtspflege nur noch begrenzte Mittel zur Verfügung gestellt werden können, mit denen die Wohlfahrtspflege versuchen muß, ihre Pflichten zu erfüllen. Die Ausgaben haben sich nunmehr nach den Einnahmen zu richten. Es handelt sich nicht mehr darum, den Gesamtstand der Fürsorge aufrecht zu erhalten, sondern darum, im Zwangsrahmen beschränkter Mittel die notdürftigsten Leistungen durchzuführen. Wenngleich dieser Unterschied in der Finanzierungsmethode und damit der Unterschied zwischen Spar- und Notstandsprogramm in der Gesetzgebung nirgends ausdrücklich gekennzeichnet ist, so findet man doch im Notverordnungsrecht Bemerkungen, die darauf hindeuten, daß auch dem Gesetzgeber diese Gedankengänge nicht fremd sind. In der Notverordnung vom 5. Juni 1931 findet sich bekanntlich in dem 4. Teil — Wohlfahrtslasten der Gemeinden und Gemeindeverbände — ein Kapitel II, überschrieben »Erleichterungen der Wohlfahrtslasten der Gemeinden und Gemeindeverbände«; hier werden zur Erleichterung der Wohlfahrtslasten den Gemeinden gewisse Beträge überwiesen.

Beteiligt werden an diesen Beträgen die Bezirksfürsorgeverbände aber nur unter gewissen Voraussetzungen. Zu diesen Voraussetzungen gehören solche steuerlicher, finanzieller und personeller Art, die in diesem Zusammenhang nicht weiter interessieren. Von Bedeutung für uns ist der Satz, daß nur solche Bezirksfürsorgeverbände an der Verteilung der vom Reich zur Verfügung gestellten Mittel beteiligt werden können, in denen die Richtsätze für die laufende Unterstützung in der allgemeinen Fürsorge zuzüglich der außerdem gewährten Leistungen, auf die einzelne Partei gerechnet, das Maß des Erforderlichen und Angemessenen nicht überschreiten. Es soll hier nicht kritisiert werden, daß der Wortlaut dieser Bestimmung außerordentlich unklar ist und weder mit dem Fürsorgerecht noch mit der Fürsorgepraxis in Übereinstimmung gebracht werden kann. Für uns ist augenblicklich nur von Bedeutung, daß für die Richtsätze nicht bloß das Maß des Erforderlichen, sondern auch die Bestimmung nach der Angemessenheit vermerkt wird. Daß die Richtsätze nach dem Bedürfnis, d. h. nach dem Erforderlichen festgesetzt wurden, entsprach nicht nur der Rechtslage im Fürsorgerecht, sondern auch der bisherigen Finanzierungsmethode. Nach der Rechtslage ist das, was erforderlich ist, auch angemessen. Wenn man neben den Begriff des Erforderlichen noch den Begriff des Angemessenen setzt, so kann das nur den Sinn haben, daß neben den bisherigen Maßstab ein weiterer Maßstab entscheidend zu treten habe: eben der Maßstab, der sich aus der Veränderung der Finanzierungsmethode ergibt. Übrigens ist diese Änderung der Finanzierungsmethode sicher auch mitbestimmend gewesen für die Vorschriften, die sich in der 4. Notverordnung vom 8. Dezember 1931 für das Fürsorgerecht finden. Im 5. Teil »Sozial-Versicherung und Fürsorge« sind im Kapitel V Vorschriften enthalten, die auf eine Senkung der Wohlfahrtslasten hinausgehen. Zwar enthält die Notverordnung nicht die vielfach erwartete vollständige Aufhebung der sogenannten gehobenen Fürsorge, vielmehr beschränkt sie sich darauf, an dem § 6 RFV. eine in ihren praktischen Auswirkungen allerdings sehr weitgehende Änderung vorzunehmen. Bisher verlangte das Gesetz, daß die Richtsätze für Sozial- und Kleinrentner und ihnen Gleichstehende so bemessen sein müssen, daß der Hilfsbedürftige gegenüber der allgemeinen Fürsorge eine angemessene Mehrleistung erhält. Diese Mehrleistung soll in der Regel wenigstens ein Viertel des allgemeinen Richtsatzes betragen. Dieser letzte Satz, der den 25 %igen Unterschied zwischen den Richtsätzen gesetzlich festlegte, ist gestrichen. Das Gesetz begnügt sich nunmehr damit zu sagen, daß für Sozial- und Kleinrentner und ihnen Gleichstehende die Richtsätze so bemessen sein sollen, daß der Hilfsbedürftige gegenüber der allgemeinen Fürsorge eine angemessene Mehrleistung erhält. Damit ist denjenigen Stellen, die für die Festsetzung der Richtsätze verantwortlich sind — in Preußen die Bezirksfürsorgeverbände selbst —, die Entscheidung über die Höhe des Richtsatzes für die gehobene Fürsorge überlassen. Sie haben zu entscheiden, was eine angemessene Mehrleistung darstellt, wobei die Angemessenheit des Unterschiedes ebensosehr nach der durch § 14 der Reichsgrundsätze vorgeschriebenen Rücksichtnahme auf die früheren Lebensverhältnisse der Hilfsbedürftigen wie nach der finanziellen Situation des Bezirksfürsorgeverbandes zu beurteilen ist. Auch die andere fürsorgerechtliche Neuerung aus der genannten Notverordnung dient in erster Linie der finanziellen Entlastung, wobei allerdings zuzugeben ist, daß sie ebenso zur Verstärkung des individualisierenden Gedankens der Fürsorge beiträgt. Bekanntlich hatte das Aufwertungsgesetz vom 16. Juli 1925 angeordnet, daß bei der Festsetzung einer Unterstützung öffentlich-rechtlicher Art das Einkommen des Hilfsbedürftigen aus Ansprüchen, die der Aufwertung nach dem Aufwertungsgesetz unterliegen, soweit es den Betrag von 22,50 RM. für den Monat nicht übersteigt, außer Ansatz zu bleiben habe. Eine entsprechende Vorschrift fand sich in dem Gesetz über die Ablösung öffentlicher Anleihen vom 16. Juli 1925, wo die Nichtberücksichtigung der Vorzugsrente bis 22,50 RM. monatlich vorgeschrieben war. Im Ergebnis bedeuteten diese Anrechnungsverbote eine besondere Besserstellung der Inhaber von Aufwertungseinkünften und Vorzugsrenten. Gegen die generelle Nichtanrechnung hatten sich die Fürsorgeverbände schon immer gewehrt. Die Notverordnung vom 8. Dezember 1931 beseitigt das Verbot der Anrechnung, indem sie den Fürsorgeverbänden ausdrücklich gestattet, bei der Festsetzung einer Unterstützung von den Vorschriften des Aufwertungsgesetzes und des Gesetzes über die Ablösung öffentlicher Anleihen abzuweichen.

Wenn wir mit diesen Vorbehalten an eine Besprechung des Themas herangehen, so werden wir über die geistig-sittliche Grundlage der Wohlfahrtspflege, über ihre Rechtsgrundlagen und über ihre organisatorische Ausgestaltung zu sprechen haben.

Was die geistig-sittliche Grundlage anlangt, so gehen wir von den bekannten Einwänden und Vorwürfen aus, die gegen die Wohlfahrtspflege immer wieder geltend gemacht werden: daß die Wohlfahrtspflege die Selbstverantwortung des Einzelnen schwäche und ihn dazu bringe, sich »auf den Staat zu verlassen«. Wir pflegen auf diesen Einwand häufig lediglich zu erwidern, daß es sich hier um Einzelfälle handele, die nicht verallgemeinert werden dürften. Indessen machen wir es uns wohl häufig mit der Widerlegung dieses grundlegenden Einwandes gegen die Wohlfahrtspflege zu leicht. Es ist richtig, vom einzelnen Individuum die selbstverantwortliche Gestaltung seines Lebens zu verlangen, daß er also sein Leben aus eigener Kraft für sich gestaltet. Wenn wir das verlangen, so machen wir dabei allerdings stillschweigend eine Voraussetzung, nämlich die, daß er zu dieser selbstverantwortlichen Gestaltung in der Lage ist, daß der Ausübung der Verantwortung nicht Kräfte entgegenstehen, die mächtiger sind als seine eigene Kraft. Hierfür haben wir sicher in der gegenwärtigen Lage besonderes Verständnis. Wir wissen, daß es sinnlos ist, die Durchführung der Selbstverantwortung von demjenigen zu verlangen, der durch die wirtschaftliche Entwicklung, auf die er selbst als Individuum keinerlei Einfluß ausüben kann, aus dem Arbeits- und Berufsleben ausgeschlossen wird. Wir wissen, daß der Einzelne sein Leben sehr gern selbst gestalten würde, d. h. im Arbeits- und Berufsleben stehen, von da aus den Unterhalt für sich und seine Familie beschaffen würde, um so sein Leben selbstverantwortlich zu führen. Wir sehen, daß Selbstverantwortung nur da möglich ist, wo Wirkungsmöglichkeit gegeben ist. Wer keinen Raum hat zur Wirksamkeit, der hat insoweit keine Selbstverantwortung. Wir können der bekannten Formel »Volk ohne Raum« das Wort »Individuum ohne Raum« zur Seite stellen. Es gibt nun zwei verschiedene Möglichkeiten hierzu Stellung zu nehmen, die letzten Endes davon ausgehen, wie wir überhaupt die Stellung des Einzelnen zur Gesamtheit sehen. Es gibt zwei Betrachtungsweisen: die individualistische und die kollektivistische. Man muß sich den Gegensatz der beiden Betrachtungsweisen klar machen. Die individualistische Sehweise geht davon aus, daß das Individuum ein Zentrum von Aktivität und Wirkungsmöglichkeit darstellt und daß von diesem Zentrum die Entscheidung verlangt werden muß. Die kollektivistische Sehweise nimmt den einzelnen Menschen als Objekt, als Produkt gesellschaftlicher, wirtschaftlicher und sozialer Entwicklung. Bei dieser Sehweise ist der Einzelne von

Mächten abhängig, die sein Schicksal formen, ohne daß er die Möglichkeit hat, wesentlichen Einfluß darauf zu gewinnen. Man kann die Fürsorgepflichtverordnung z. B. sowohl vom Standpunkt einer kollektivistischen Sehweise als vom Standpunkt einer mehr individualistischen Sehweise betrachten. Man wird feststellen können, daß beide Betrachtungsweisen ihre Spuren in diesem grundlegenden Gesetz der Wohlfahrtspflege hinterlassen haben. Man kann überhaupt die Entwicklung der Sozialpolitik der letzten 50 Jahre unter dem Gesichtspunkt betrachten, daß die kollektivistische Sehweise immer mehr in den Vordergrund getreten ist. Die Selbstverantwortungsmöglichkeit des Individuums wird immer schwächer, die Notwendigkeit, vom Staate aus mit Maßnahmen einzugreifen, um den Einzelnen gegen übermächtige Einflüsse zu schützen, wird immer stärker betont. Zwar wird in der älteren Literatur das Wort »Kollektivverantwortung« noch nicht gebraucht, aber die Grundeinstellung, die zu einer Betonung der Kollektivverantwortung führt, ist in immer deutlicherer Weise zu spüren. Wenn nun heute die Behauptung aufgestellt wird, daß die Wohlfahrtspflege die Selbstverantwortung des Einzelnen schwäche, so bedeutet das, daß die Kollektivverantwortung über ihre Grenzen hinausgegangen sei und daß sich die Notwendigkeit ergäbe, den Gesichtspunkt der individualistischen Sehweise, Betonung der Einzelverantwortung, wieder mehr in den Vordergrund zu bringen. Dazu muß aber auch gesagt werden, daß kein Volk einen solchen Zustand, in dem große arbeitslose, arbeitsfähige Teile des Volkes auf öffentliche Unterstützung angewiesen sind und zwar nicht nur vorübergehend, sondern auf längere und für viele Gruppen auf unabsehbare Dauer, ohne Schaden überstehen kann, und wenn wir wirklich ein Nachlassen der Selbstverantwortung beobachten, so müssen wir das als Krankheitserscheinung eines Körpers deuten, der auf lange Zeiten in unnatürlichen gesundheitsschädlichen Verhältnissen zu leben gezwungen ist. Bequeme Formeln, die man schwarz auf weiß mit nach Hause geben kann, gibt es in dieser schwierigen Frage natürlich nicht. Unverrückbar bleibt aus den Erfahrungen des letzten halben Jahrhunderts für uns bestehen, daß der Staat die Pflicht hat, den Einzelnen gegen die Übermacht gesellschaftlicher, wirtschaftlicher, technischer, sozialer Entwicklung zu schützen: Kollektivverantwortung, daß aber Recht und Verwaltung ebenso verpflichtet sind, alle Möglichkeiten einer selbstverantwortlichen Gestaltung zu bewahren und zu pflegen.

Daß die Wohlfahrtspflege allein nicht in der Lage ist, die Erneuerung und Pflege des Gedankens der Selbstverantwortung durchzuführen, daß hier vielmehr eine Aufgabe von umfassender staatspolitischer und volkspädagogischer Bedeutung vorliegt, kann hier nur angedeutet werden.

Wenn wir im Anschluß an diese kurzen Gedankengänge über die geistig-sittliche Grundlage der Wohlfahrtspflege an eine Überprüfung der rechtlichen Grundlage der öffentlichen Wohlfahrtspflege herangehen, so können wir zunächst feststellen, daß die Abänderung, die unser Fürsorgerecht durch die bereits genannte Notverordnung vom 5. Juli 1931 erfahren hat, zweifellos in einer Richtung einer besonderen Pflege der Familienfürsorge und Selbstverantortung geht. Es darf zunächst gesagt werden, daß die im 5. Teil der Notverordnung im Kapitel VIII zusammengefaßte Reform der Fürsorgepflichtverordnung sicher mit zu den besten Teilen der Notverordnung gehört. Die Vorbereitung für diese Reform geht allerdings auch schon einige Jahre zurück. Es ist bekannt, daß die kommunalen Spitzenverbände in Verbindung mit dem Deutschen Verein für öffentliche und private Fürsorge in Frankfurt a. M. in eingehenden Kommissionsarbeiten den Entwurf für eine Reform der Fürsorgepflichtverordnung vorbereitet hatten und ein Vergleich der Notverordnung mit jenen Vorarbeiten ergibt, daß die wesentlichsten Ergebnisse der Vorarbeiten zum größten Teil wörtlich in die Notverordnung übernommen sind.

Erfreulich ist, daß die Erstattungspflicht des Unterstützten durch den neuen § 25 auf eine eindeutige Rechtsgrundlage gestellt worden ist. Wir dürfen wohl sagen, daß der bisherige Zustand etwas Genierliches hatte: Die für die Grundauffassung der Wohlfahrtspflege entscheidende Frage, ob und inwieweit ein Unterstützter ihm gewährte Leistungen zurückzuerstatten habe, entbehrte einer eindeutigen rechtlichen Regelung, so daß es bekanntlich möglich war, daß zwei Senate des Kammergerichts fast zur gleichen Zeit zu vollständig entgegengesetzten Ergebnissen kamen: der eine Senat bejahte, der andere verneinte die Erstattungspflicht des Unterstützten. Es ist gar keine Frage, daß mit dieser rechtlichen Klarstellung nicht nur eine juristische Streitfrage aus der Welt geschafft wird, sondern gleichzeitig der Gesichtspunkt der Verantwortung des Einzelnen gegenüber der Gesamtheit eindeutig zum Ausdruck gekommen ist. Noch deutlicher wird die Unterscheidung von Kollektiv- und Einzelverantwortung dadurch, daß bekanntlich die gesamten Erstattungsansprüche gegen Unterhaltspflichtige auf eine vollständig neue Rechtsgrundlage gestellt worden sind. Gewiß werden bei der Neuformulierung des § 21 a mindestens in der Übergangszeit noch viele strittige Fragen zu entscheiden sein, aber grundsätzlich muß die durch § 21 a herbeigeführte Klarstellung durchaus begrüßt werden. Um die Neufassung des § 22 ist bereits ein Streit entstanden. Bekanntlich geht das Fürsorgerecht von dem Grundsatz aus, daß eine Erstattungspflicht nur soweit gegeben ist, als Unterhaltspflicht vorliegt. Von diesem Grundsatz machte der bisherige § 22 insofern eine Ausnahme, als der Fürsorgeverband in den Grenzen des notdürftigen Unterhalts Ersatz seiner Aufwendungen von den Kindern des Hilfsbedürftigen auch dann verlangen konnte, wenn sie nach den Vorschriften des bürgerlichen Rechts (§ 1603 BGB.) lediglich deshalb nicht unterhaltspflichtig waren, weil sie sonst ihren standesgemäßen Unterhalt gefährden würden. Dies sollte nicht gelten, wenn der in-Anspruch-Genommene aus dem gleichen Grunde nicht verpflichtet war, seiner Ehefrau oder seinen Kindern den standesgemäßen Unterhalt zu gewähren oder wenn durch die Ersatzleistungen sein Fortkommen oder das seiner Ehefrau oder Kinder unbillig erschwert würde. In dieser Bestimmung war eine über die Unterhaltspflicht hinausgehende Erstattungspflicht der Kinder eines Hilfsbedürftigen vorgesehen, die aber, wie übereinstimmend von Praktikern berichtet worden ist, bei der Durchführung der Fürsorge keinerlei wesentliche Rolle gespielt hat. An die Stelle des alten § 22 ist eine neue Fassung getreten, die folgendes besagt:

»Hat ein Unterstützter Vermögen, dessen vorherige Verwertung infolge gesetzlicher Vorschrift nicht verlangt worden ist, oder Einkommen, das infolge gesetzlicher Vorschrift bei der Festsetzung der Unterstützung außer Ansatz geblieben ist, so kann hieraus ein nach bürgerlichem Recht Unterhaltungspflichtiger dem Fürsorgeverband die Einwendung, daß der Unterstützte nicht außerstande war, sich selbst zu unterhalten (§ 1602 BGB.), nicht entgegensetzen, wenn das Verlangen, Unterhalt zu gewähren, bei Berücksichtigung der sonstigen Verpflichtungen des Unterhaltspflichtigen keine unbillige Härte darstellt.«

Mit dieser neuen Fassung ist der Versuch gemacht, familienrechtliche und fürsorgerechtliche Bestimmungen miteinander in Einklang zu bringen. Der Versuch ist zu begrüßen. Der Neufassung ist der Vorzug vor der alten Fassung zu geben. Besonderes Augenmerk ist dem neuen § 25 a zu widmen, dessen juristische Formulierung vielleicht den wichtigen sachlichen Inhalt nicht sogleich erkennen läßt. § 25 a bringt für Ehegatten und Eltern eine Erweiterung der Erstattungspflicht über ihre Unterhaltspflicht hinaus, betont damit in besonders eindrucksvoller Weise die Verantwortung der Familie und die Selbstverantwortung gegenüber der Kollektivverantwortung und wird, wenn die Wohlfahrtsverwaltungen die Bedeutung dieser neuen Bestimmung erst voll erkannt haben, sicher von großer Bedeutung werden.

Im Zusammenhang mit dem neuen § 25 a taucht der Gedanke auf, ob es richtiger wäre, an die Stelle einer Erweiterung der Erstattungspflicht eine unmittelbare Erweiterung der Unterhaltspflicht überhaupt zu setzen. Ich erinnere daran, daß die Auseinandersetzungen über die Einführung einer Unterhaltspflicht für Geschwister, Stiefeltern, Stiefkinder, Schwiegereltern und Schwiegerkinder nicht zur Ruhe kommen. Die Meinungen sind außerordentlich geteilt. Man wird auch hier ohne Klarheit über die kollektivistische und individualistische Betrachtungsweise nicht zu einem endgültigen Urteil kommen können. Zu einer gründlichen Erörterung dieser Frage, die allein fruchtbar sein könnte, fehlt es im Rahmen dieses Vortrages an Raum.

Eine Erörterung der rechtlichen Grundlagen der Wohlfahrtspflege unter dem Gesichtspunkt einer Reform kann nicht an der Tatsache vorübergehen, daß der bisherige § 38 RFV. durch die genannte Notverordnung eine neue Fassung bekommen hat. Nach § 38 alter Fassung konnte die Reichsregierung mit Zustimmung des Reichsrats Grundsätze für die Auslegung der Reichsfürsorgeverordnung aufstellen und bestimmen, daß und inwieweit der gewöhnliche Aufenthalt an einem Ort erst nach Ablauf einer Frist als begründet galt. Nach der neuen Fassung braucht die Reichsregierung die Zustimmung des Reichsrats nicht mehr, sie kann vielmehr derartige Grundsätze allein aufstellen und von sich aus über die Rechtsverhältnisse des gewöhnlichen Aufenthalts neue Bestimmungen treffen, d. h. auch die Fürsorgepflichtverordnung von sich aus abändern. Die Reichsregierung ist also dazu in der Lage, das Lastenverteilungsrecht der RFV. zu ändern. Wir wissen, daß die Änderung des Lastenverteilungsrechts vom System des

Unterstützungswohnsitzes zum System des gewöhnlichen Aufenthalts unbestrittenermaßen eine wesentliche Verwaltungsvereinfachung gebracht hat, zumal wenn man gleichzeitig daran denkt, daß durch die Fürsorgepflichtverordnung die Zahl der Fürsorgeträger erheblich vermindert worden ist. Wir wissen aber auch, daß mit einzelnen Bestimmungen des Lastenverteilungsrechts die städtischen Fürsorgeverbände, mit anderen Bestimmungen aber die ländlichen Fürsorgeverbände nicht einverstanden sind. Immer wieder werden einzelne Fälle vorgetragen mit dem Hinweis darauf, daß die Ungerechtigkeit der Lastenverteilung sich in diesem Falle wieder gezeigt habe. Wir müssen uns aber darüber vollständig klar werden, daß es eine Lastenverteilung, die in jedem einzelnen Falle zu einem absolut gerechten Ergebnis führt, nicht geben kann. Wir müssen uns damit abfinden, daß das Kriterium der gerechten Lastenverteilung grundsätzlich vom Gesetzgeber festgelegt wurde und müssen dann Unebenheiten im einzelnen Fall sowohl auf städtischer wie auf ländlicher Seite in Kauf nehmen. Überschätzen dürfen wir auch nicht den Einfluß des Lastenverteilungsrechtes auf die Freizügigkeit der Bevölkerung. Auch hier werden leicht einzelne Fälle etwas zu stark verallgemeinert. So lange Freizügigkeit besteht, wird sie je nach den wirtschaftlichen Verhältnissen sich verschiedenartig auf die Belastung der verschiedenen Fürsorgeträger auswirken. Beschränkung der Freizügigkeit auf dem Umweg über fürsorgerechtliche Lastenverteilungsvorschriften sind nicht tragbar. Es wird deshalb auch kaum damit zu rechnen sein, daß die Reichsregierung mit Hilfe des neuen § 38 an den Grundsätzen des bisherigen Lastenverteilungsrechtes etwas ändern wird. Eine grundsätzliche Änderung enthält auch die Verordnung zur Vierten Änderung der Fürsorgepflichtverordnung vom 3. Oktober 1931 nicht, in der der genannte § 38 zum erstenmal angewandt wird.

Verlegt ein Arbeitsloser, — so bestimmt diese Verordnung —, der Anspruch auf versicherungsmäßige Arbeitslosenunterstützung oder auf Krisenfürsorge hat, seinen gewöhnlichen Aufenthalt in den Bezirk des nach § 168 des Gesetzes über Arbeitsvermittlung und Arbeitslosenversicherung in der Fassung der Verordnung vom 5. Juni 1931, Dritter Teil, Kapitel I, zuständigen Arbeitsamts, so endigt mit dem Verluste des bisherigen gewöhnlichen Aufenthalts eine durch diesen gewöhnlichen Aufenthalt nach § 7 Abs. 2 Halbsatz I der Fürsorgepflichtverordnung begründete endgültige Fürsorgepflicht. Muß der Arbeitslose nach dem Verluste seines bisherigen gewöhnlichen Aufenthalts von der öffentlichen Fürsorge unterstützt werden, so ist es bei der Ermittlung des für diese Unterstützung endgültig verpflichteten Verbandes in jedem Falle so anzusehen, als sei die Hilfsbedürftigkeit erneut eingetreten. Das gleiche gilt für den Ehegatten und die Kinder bis zu 16 Jahren, die mit dem Arbeitslosen zusammenleben. Um auseinandergehende Entscheidungen über die Zuständigkeit zwischen den Behörden der Arbeitslosenversicherung und den Spruchbehörden des Fürsorgestreitverfahrens zu vermeiden, ist weiter angeordnet, daß eine Entscheidung über die Zuständigkeit des Arbeitsamts, die von den nach dem Gesetz über Arbeitsvermittlung und Arbeitslosenversicherung zuständigen Behörden getroffen wurde, für die Spruchbehörden im Fürsorgestreitverfahren und für die Fürsorgestellen bindend ist. Um den durch die zweite Notverordnung vom 5. Juni 1931 ins Werk gesetzten freiwilligen Arbeitsdienst nach allen Richtungen hin möglichst zu erleichtern, ist weiter bestimmt worden, daß ein Arbeitsdienstwilliger an dem Orte, wo er während des freiwilligen Arbeitsdienstes wohnt, in der Zeit seit der Aufnahme des freiwilligen Arbeitsdienstes bis zum Ablauf von drei Monaten seit seiner Beendigung einen gewöhnlichen Aufenthalt (§ 7 Abs. 2 Halbsatz 1 der Fürsorgepflichtverordnung) nicht begründen kann. Soweit ohne diese Vorschrift dem Bezirksfürsorgeverbande des Ortes wegen des dort während der Frist vorhandenen gewöhnlichen Aufenthalts des Arbeitsdienstwilligen eine endgültige Fürsorgepflicht obgelegen hätte, ist der Fürsorgeverband endgültig fürsorgepflichtig, der es für den Arbeitsdienstwilligen bei Eintritt von Hilfsbedürftigkeit unmittelbar vor der Aufnahme des Arbeitsdienstes gewesen wäre; hat der Arbeitsdienstwillige zum Zwecke der Aufnahme des Arbeitsdienstes einen Ortswechsel vorgenommen, so ist der Fürsorgeverband endgültig verpflichtet, der es für den Arbeitsdienstwilligen bei Eintritt von Hilfsbedürftigkeit unmittelbar vor diesem Ortswechsel gewesen wäre. Das entsprechende gilt für die Ehefrau und die Kinder bis zu 16 Jahren, die mit dem Arbeitsdienstwilligen zusammenleben. Wenn auch hiermit für zwei besondere Tatbestände eine Abweichung von den Vorschriften über die Lastenverteilung vorgenommen ist, so kann man doch nicht sagen, daß die grundlegenden Gedanken unseres Lastenverteilungsrechtes damit angetastet wären.

Zur Reformbedürftigkeit der rechtlichen Grundlagen der

Wohlfahrtspflege gehört auch die Frage, ob wir in Bezug auf die Anwendung der wohlfahrtspolitischen Mittel: Versicherung, Versorgung und Fürsorge wesentliche Änderungen vornehmen sollen oder ob wir es bei der gegenwärtigen Verteilung belassen sollen. Sicher hat der Gedanke einer mehr versorgungsmäßigen Sicherung des Unterhalts in den letzten Jahren an Ausdehnung gewonnen. Für das Volksempfinden bedeutet Fürsorge Abhängigkeit, Versorgung aber bedeutet Unabhängigkeit. Der Gang zum Versorgungsamt ist ein wesentlich anderer als der Gang zum Wohlfahrtsamt. Die individualisierende Fürsorge geht nicht nur von der Überlegung aus, wie man dem Einzelnen am besten helfen kann, sondern zunächst von der Prüfung, ob überhaupt ein Fall vorliegt, in dem geholfen werden muß. Bei der Versorgung ist diese Frage, ob geholfen werden muß, durch den Gesetzgeber von vornherein entschieden. In der Fürsorge aber ist die Entscheidung darüber, ob der Einzelne zu den Bedürftigen gerechnet werden soll, dem pflichtmäßigen Ermessen der Verwaltung überlassen. In keinem Gebiet der öffentlichen Verwaltung ist deshalb die Abhängigkeit des Einzelnen von der Behörde so ausgeprägt, wie bei der Durchführung der öffentlichen Fürsorge. Wählt der Staat das Mittel der Fürsorge, so gibt er der Verwaltung eine ungeheure Macht in die Hand. Wählt er das Mittel der Versorgung, so stellt er den Einzelnen verhältnismäßig unabhängig von der Verwaltung. Auch das Mittel der Versicherung ist, zum mindesten in Bezug auf die Arbeitslosenversicherung, gerade in letzter Zeit vielfach kritisch betrachtet worden. Sicher ist, daß der Gedanke eines Versorgungsgesetzes für Kleinrentner augenblicklich infolge der Wirtschafts- und Finanznot in den Hintergrund gedrängt worden ist. Man wird die Frage der Wahl zwischen den wohlfahrtspolitischen Mitteln nicht ohne aufmerksame Prüfung unter dem Gesichtspunkt der Kollektiv- und Einzelverantwortung und ihrer richtigen gegenseitigen Ergänzung lösen können.

Zu den rechtlichen Grundlagen der Wohlfahrtspflege gehören auch große Teile des Jugendrechtes, insbesondere des Erziehungsrechts. Wir kennen alle die leidenschaftlichen Erörterungen über eine Reform der Fürsorgeerziehung. Vielleicht handelt es sich in Wahrheit mehr um eine Krisis der Anstaltserziehung, die an sich ja auf Fürsorgezöglinge nicht beschränkt ist, wie sie andererseits etwa nur die Hälfte der in Fürsorgeerziehung untergebrachten Minderjährigen umfaßt. Wenn man diese Dinge unter dem Gesichtspunkt der Reform der rechtlichen Grundlagen betrachtet, muß man sich klar machen, daß mit einer Reform der rechtlichen Grundlagen der Fürsorgeerziehung allein nichts gefördert wird. Es handelt sich um eine Reform der rechtlichen Grundlagen für alle diejenigen Erziehungsmaßnahmen, die außerhalb der eigenen Familie des Kindes durchgeführt werden. Wir unterscheiden hier gegenwärtig zwischen Kindern, die verwahrlost sind oder zu verwahrlosen drohen und zwischen wirtschaftlich hilfsbedürftigen Minderjährigen, die in Familien oder Anstalten untergebracht werden müssen. Die Trägerschaft für diese verschiedenen Maßnahmen ist verschieden geregelt. Voraussetzung, Durchführung und Beendigung dieser verschiedenen Maßnahmen sind unsystematisch nebeneinander geordnet. Wir befinden uns überhaupt mitten in einer Auseinandersetzung über eine Neuordnung der Trägerschaft für die Erziehung. Familie, Schule, Jugendamt, Bezirksfürsorgeverband, Bund, Gemeinschaft, Partei: alle fühlen sich für die Erziehung verantwortlich und jeder erhebt für sich den Anspruch auf die Totalität seiner Erziehungstätigkeit. Richtig gesehen handelt es sich für die Wohlfahrtspflege darum, für diejenigen Kinder, die aus öffentlichen Mitteln außerhalb der eigenen Familie erzogen werden müssen, deren Anspruch auf Erziehung also auf dem normalen Wege nicht erfüllt werden kann, eine einheitliche Rechtsgrundlage für die Maßnahmen der öffentlichen Erziehung zu finden, einheitlich in Bezug auf die Trägerschaft und die gesamte Durchführung.

Was die organisatorische Seite anlangt, so soll nur auf zwei Punkte hingewiesen werden: Die Personalfrage ist nach wie vor die organisatorische Grundfrage, aber man darf wohl feststellen, daß die Überzeugung hier allmählich doch an Boden gewonnen hat, daß die Zurverfügungstellung geeigneten ausreichenden Personals für die Wohlfahrts- und Jugendämter die beste Sparmaßnahme darstellt, die es geben kann. Wenn z. B. im Sparprogramm der Stadt Berlin ausdrücklich der schematische Abbau von Verwaltungs- und Fürsorgekräften abgelehnt wird, so zeigt das deutlich den Fortschritt an, den wir in dieser Hinsicht gemacht haben. Noch vor wenigen Jahren wäre vermutlich ein solcher Ausspruch nicht möglich gewesen. Neben den beruflich tätigen Kräften stehen die ehrenamtlichen, und es mehren sich die Stimmen, die ein baldiges Ende der ehrenamtlichen Mitarbeit voraussagen. Indes muß davor gewarnt werden, die Frage der ehrenamtlichen Mitarbeit in der Wohlfahrtspflege lediglich an Hand der augenblicklichen Erfahrungen zu beantworten. Daß ehrenamtliche Mitarbeit unter den heutigen, besonders schwierigen Verhältnissen manchmal den Dingen nicht gewachsen sein kann, muß zugegeben werden. Indessen soll man das endgültige Urteil über die fernere Zukunft der ehrenamtlichen Mitarbeit ruhigeren Zeiten vorbehalten. Die Einstellung von Sonderprüfern hat sich außerordentlich bewährt, weil sie durch die Klarstellung schwieriger Fälle und durch die Aufdeckung von unberechtigter Inanspruchnahme der Wohlfahrtspflege zur Reinigung und Beruhigung der Atmosphäre in den Wohlfahrtsämtern beitragen kann.

Alle Auseinandersetzungen über Reformbedürftigkeit der Wohlfahrtspflege werden unter dem Gesichtspunkt der sinnvollen Ergänzung von Kollektiv- und Einzelverantwortung zu führen sein. Es handelt sich nicht um Rechtsfragen allein und auch nicht allein um organisatorische Fragen. Es geht bei der Reform der Wohlfahrtspflege auch um die geistig-sittlichen Grundlagen unseres Volkslebens.

Kommunale Kranken-, Heil- und Pflegeanstalten.

Von Professor Dr. **W. Hoffmann,**
Direktor im Hauptgesundheitsamt der Stadt Berlin.

Im Gegensatz zu der offenen Fürsorge führt uns die Entwicklung der geschlossenen Fürsorge, des Krankenhauswesens oder, wenn wir die Irrenanstalten und die Siechenanstalten, jetzt meist Heil- und Pflegeanstalten genannt, hinzunehmen, des gesamten Anstaltswesens bis in das Mittelalter, ja bis in das Altertum zurück. Die historische Entwicklung des Krankenhauswesens ist ein Stück menschlicher Kultur im Wandel der Anschauungen der verschiedenen Zeitalter.

Ich möchte Ihnen aber keinen — in erster Linie historischen — Vortrag über das Krankenhauswesen halten, andere aktuelle Fragen der Jetztzeit sollen uns hauptsächlich beschäftigen. Nur kurz zusammenfassend will ich erwähnen, daß es Anstalten zur Versorgung Kranker schon vor Jahrtausenden gegeben hat. Bei den alten Griechen und Römern stellten die Xenodochien und Hospitäler Teile eines Hauses oder auch schon kleine Sondergebäude dar, die zwar in erster Linie zur Aufnahme von erholungsbedürftigen Fremden und Gästen, dann aber auch von Kranken bestimmt waren. In gleichem Sinne müssen die in der ersten Zeitrechnung nach Christus entstandenen und später meist mit Klöstern verbundenen Hospitien und Herbergen für Pilger und Notleidende als die Vorläufer der Krankenhäuser, besonders unserer jetzigen charitativen, konfessionellen, also nicht kommunalen Anstalten, angesehen werden. Den eigentlichen Anstoß zu umfangreicheren Einrichtungen besonderer Unterkünfte für Kranke brachten die Kreuzzüge und die aus dem gesteigerten Verkehr mit dem Morgenlande sich ergebende Einschleppung ansteckender Krankheiten, wie Pest, Aussatz u. a. Die damaligen Städte und Gemeinden suchten — soweit sie davon betroffen waren — sich dieser Seuchen, die eine gewaltige Sterblichkeit hatten — ich erinnere an den schwarzen Tod, der wohl als Pest oder Fleckfieber angesehen werden muß — durch Isolierung dieser Kranken in besonderen Anstalten, die meist geistlichen Orden ihre Entstehung und Entwicklung verdankten, zu erwehren.

Nebenher und nach Abflauen der Epidemien, dienten diese Hospitäler der Pflege hilfloser Kranker weiter. Auf Hygiene irgendwelcher Art war in der damaligen Zeit natürlich keine Rücksicht genommen. Die schwersten, uns heute kaum mehr bekannten Hospitalkrankheiten, wie der mörderische Hospitalbrand, das Wundfieber u. a. pflanzten sich von Bett zu Bett fort und forderten ihre Opfer.

Es ist also unzutreffend, wenn man häufig die Ansicht hört, als ob die Kommunen sich grundsätzlich erst mit der Einführung der Selbstverwaltung durch Frh. vom Stein, also vor etwa 100 Jahren, der Krankenhauspflege zugewandt hätten. Einige haben schon viel früher die Initiative hierzu ergriffen. Als eine der ersten städtischen Kranken- und Siechenanstalten wurde die in Halle a. S. von dem Rat und der Bürgerschaft im Jahre 1341 gegründet. In der Stiftungsurkunde heißt es: »Das Hospital soll eine Herberge sein aller armen Leute, die siech und krank sind, die sich selber nicht behelfen mögen. Welche notdürftige Sieche in dies Haus nicht hineinwollen, die sollen nicht in unserer Stadt bleiben.«

Im Jahre 1527 wurden vier alte Hospitäler in Glogau, u. a. das Hospital St. Spiritum, das in den Jahren 1280—1296 von den Kreuzrittern erbaut war, der Stadtverwaltung Glogau übergeben.

1630 wurde in Aachen von der Stadt das städtische Mariahilfkrankenhaus als Frauenkrankenhaus errichtet, dem 1768 von dem Bürgermeister von Wespien eine Männerabteilung angefügt wurde.

1698 baute der Magistrat von Zellerfeld, 1703 die Stadt Soest ein städtisches Krankenhaus.

Den Ruhm, die erste städtische Entbindungsanstalt in Deutschland errichtet zu haben, trägt Altona seit 1714.

1793 gründete Breslau das erste Kinderkrankenhaus.

Von städtischen Irrenanstalten baute 1460 Nürnberg das erste »Narrenhaus«, es folgten Lübeck, Augsburg und 1728 Berlin.

In Berlin scheinen in damaliger Zeit die Krankenanstalten

allgemein selbst den am Ende des 18. und bei Beginn des 19. Jahrhunderts in anderen Gegenden gestellten gesundheitlichen Anforderungen nicht entsprochen zu haben; denn der alte Leibarzt Fromey leitet im Jahre 1796 in seinem Buch »Versuch einer medizinischen Topographie von Berlin« den Abschnitt von den Krankenanstalten mit folgenden Worten ein, »die Unterkunft und Verpflegung der Kranken in öffentlichen zu diesem Zweck bestimmten Anstalten ist nichts weniger als der Teil unserer Medizinalverfassung, auf den wir stolz zu sein Ursache hätten. Vielmehr müssen wir eingestehen, daß hier gerade eine Reform am nötigsten ist und daß uns in diesen Stücken die Franzosen, Engländer, Schweden, Dänen und mit einem Wort die meisten Nationen übertroffen und weit zurückgelassen haben. Jeder Fremde, der andere Lazarette gesehen hat und die unserigen besucht, verläßt sie voll schmerzhaften Staunens über die Mängel derselben.«

Heute dagegen darf ich Sie versichern, daß unsere städtischen Krankenhäuser, besonders in Berlin, in einem solchen Ausmaß von ausländischen Ärzten und Kommunalpolitikern besucht werden, daß gelegentlich — zumal in der Hauptreisezeit — der Betrieb durch die Besichtigungen gestört zu werden drohte.

Damals als Fromey sein Buch herausgab — 1796 — bestanden nach seinen Angaben in Berlin an eigentlichen Krankenanstalten neben der Charité und dem schon vorher genannten Irrenhause nur das Krankenhaus der französischen Protestanten und das der jüdischen Gemeinde.

Auch die beiden Berichte über die Verwaltung der Stadt Berlin für die Jahrzehnte 1841—1850 und 1851—1860 wissen allerdings von städtischen öffentlichen Krankenanstalten noch nichts zu melden. Berlin war in dieser Zeit noch beschränkt auf die staatlichen und die Privatanstalten, während längst andere Kommunen bereits eigene Krankenhäuser besaßen.

Den eigentlichen Grund dieser zögernden Zurückhaltung der Stadt Berlin gegenüber dem Bau eigener Krankenhäuser habe ich allerdings in den Berichten nicht feststellen können; vielleicht lag darin aber ein, wenn auch freilich nicht beabsichtigter, so doch bedeutsamer Vorteil. In dem fünften und sechsten Jahrzehnt des vergangenen Jahrhunderts war nämlich allmählich ein völliger Umschwung in den Anschauungen über die zweckmäßigste Bauart von Krankenhäusern eingetreten, eine Bewegung, die auch heutzutage noch nicht zum Abschluß gekommen ist.

Damals lehrte die hohe Sterblichkeit in den vielstöckigen, eingeengten, meist schlecht belichteten Anstalten mit ihren Korridoren zwischen den Krankensälen und auf der anderen Seite die günstigen Erfahrungen in verschiedenen Ländern, wo man die Kranken und Verwundeten in luftigen Zelten und Baracken untergebracht hatte, mit nicht mißzuverstehender Deutlichkeit, welche Gestalt das Krankenhaus der Zukunft haben müsse. Immermehr wurde schon damals die Notwendigkeit erkannt, den Kranken Luft und Licht in reichlichem Maße und in möglichster Reinheit zuzuführen. Der Aufschwung, den nach und nach die allgemeine Hygiene, auch die Bauhygiene machte, führte zu den gleichen Resultaten. Das bisherige Verfahren, die Kranken in kasernenartigen Gebäuden möglichst unter einem Dach zu vereinigen, wurde aufgegeben, um sie in einzelnen voneinander getrennten Baulichkeiten, Pavillons oder Baracken, unterzubringen. Diese für die damalige Zeit bedeutsamen Neuerungen, die aber heute eigentlich nur aus wirtschaftlichen Gründen wieder verlassen werden, benutzte die städtische Verwaltung Berlin, um auf Grund einer hochherzigen Stiftung, die der Berliner Rentier Fasquel in Höhe von 150000 M. 1864 gemacht hatte, den Bau des ersten städtischen Krankenhauses von 600 Betten beiderlei Geschlechts zu beschließen, mit dessen Einrichtung im Jahre 1868 begonnen werden mußte. Es war das jetzige Krankenhaus Am Friedrichshain, das unter der Leitung der beiden Architekten Gropius und Schmieden, wesentlich unterstützt durch die gemischte städtische Deputation, in der besonders Rudolf Virchow einen maßgebenden Einfluß ausübte, bis 1874 fertiggestellt wurde. Dieses Krankenhaus, für die damalige Zeit in jeder Beziehung mustergültig, fand im Gegensatz zu der Zeit Fromeys und seinen von mir vorhin erwähnten kritischen Bemerkungen über die Charité die Bewunderung der einheimischen und fremden Besucher.

Das zweite städtische Krankenhaus in Berlin war das Barackenlazarett Moabit, von dessen alten Baracken in dem jetzigen Krankenhaus Moabit einige — wenn auch nur für absehbare Zeit — noch stehen. Im Anschluß an den Krieg 70/71 herrschte bis 1872 bekanntlich in der Berliner Zivilbevölkerung eine Pockenepidemie von seltener Intensität. Die städtischen Behörden sahen sich gezwungen, fünf Pockenlazarette in verschiedenen Stadtteilen zu errichten, drei in gewöhnlichen Privathäusern, das vierte und größte befand sich auf dem Tempelhofer Feld, wo die Stadt einen

Teil der vom Hilfsverein für verwundete und erkrankte Krieger errichteten Baracken aufkaufte und für Pockenkranke einrichten ließ. Da die Militärverwaltung wiederholt auf den Abbruch der Baracken auf dem Tempelhofer Feld drang, mußte sich die Stadtverwaltung entschließen, dies Barackenlazarett in den Stadtteil Moabit zu verlegen. Die Gebäude waren 1873 fertig und damit hatte Berlin sein zweites städtisches Krankenhaus. Es folgten dann, ebenfalls im Pavillonsystem, das städtische Krankenhaus Am Urban und 1906 das Rudolf-Virchow-Krankenhaus, ein Mammutkrankenhaus mit rund 2400 Betten. Ärzte von Weltruf wirkten und wirken noch an ihm. Viele andere kommunale Krankenhäuser folgten in verschiedenen Bezirken der Stadt Berlin, die mit der Einverleibung der früher selbständigen Städte und Gemeinden in Groß-Berlin zu dieser Riesenkommune von 4,3 Mill. Einwohner gekommen sind, wie das Krankenhaus Westend in Charlottenburg und das Auguste-Victoria-Krankenhaus in Schöneberg und manche andere, die auch als erstklassig bezeichnet werden müssen. Die Fundamentalbegriffe der Hygiene hatten sich immer mehr Bahn gebrochen. Mit der rastlosen Entwicklung der hygienischen Wissenschaft, mit den beispiellosen Forschungsergebnissen Pettenkofers, Rubners, Rob. Kochs, Flügges gingen einher die gewaltigen Fortschritte der medizinischen Technik; besonders die Ausnutzung der Röntgenstrahlen; die Erkenntnis kam immer mehr zum Durchbruch, daß für die Unterbringung, die Behandlung, Pflege und Ernährung der Kranken, wie auch für die zutreffende Diagnosenstellung mit Hilfe der Chemie und Physik auf das beste gesorgt werden müsse, um die Arbeitsfähigkeit des einzelnen so weit und so schnell als möglich wiederherzustellen.

Unaufhörlich stiegen die Anforderungen an das Bausystem oder die verschiedenen Krankenhausbausysteme — es gibt auch heute noch keinen allgemein anerkannten Krankenhausbautyp —, an die innere Ausstattung, die Heizung, Lüftung, Belichtung, an die Krankenbehandlung — auch mit Radiumstrahlen, mit Insulin, besonderer Diätverpflegung. Die Chirurgie erreichte eine früher nie geahnte Blüte wissenschaftlicher und technischer Entwicklung.

An diesen Errungenschaften gingen auch die Kommunen nicht vorüber, im Gegenteil, es setzte in der Vorkriegszeit, in verschärftem Maße aber in der Nachkriegszeit — ein edler Wettbewerb unter den Städten ein; hier und da kann man vielleicht sogar jetzt von Luxusbauten mit Luxuseinrichtungen reden. Überall sieht man heute helle, luftige, sonnige, von anheimelnden Gartenanlagen durchzogene Krankenhausbauten, wo der Kranke einen behaglichen Aufenthalt, Ruhe, Besserung und Heilung finden kann.

Von in letzter Zeit neu gebauten städtischen Krankenhäusern möchte ich nennen: Mannheim (1700 Betten), Fürth (400 Betten), Delmenhorst, Singen-Hohentwiel (sehr schön gelegen), Waiblingen (Terrassenbau), Nürnberg, Neusalz a. O., ein Kreiskrankenhaus (angeblich geringe Kosten). Ferner das TB.-Krankenhaus der Provinz Brandenburg in Treuenbrietzen, Landesheilanstalt Neuhaldensleben, viele Erweiterungsbauten: Magdeburg, München, Dresden, Düsseldorf und Berlin (Friedrichshain, Moabit, Waldhaus Charlottenburg und Spandau).

Die Besitzer oder Rechtsträger der Krankenhäuser verschiedenster Art in Deutschland sind Reichs- und Staatsverwaltungen, die Kommunen und Kreise, die freie Wohlfahrtspflege, die Sozialversicherungsträger und Private.

Die staatlichen Krankenanstalten — meist handelt es sich um Universitätskliniken — dienen in erster Linie der Aus- und Fortbildung der Medizinstudierenden und der Ärzteschaft, was in einzelnen Fällen auch für die kommunalen und die anderen Anstalten, die privaten Anstalten ausgenommen, zutrifft. Staatliche, kommunale und die Anstalten der freien Wohlfahrtspflege — also die charitativen, konfessionellen Anstalten sowie die Krankenhäuser der Sozialversicherungsträger, d. h. der Krankenkassen, Knappschaften und Berufsgenossenschaften, sind gemeinnütziger Art. Sie nützen der Allgemeinheit, sind nicht, wie die Privatanstalten (Sanatorien oder Privatkliniken), auf Erwerb und Verdienst eingestellt.

Dagegen sind die kommunalen und die freien gemeinnützigen Anstalten meist Zuschußbetriebe. Der Mehrbedarf wird durch Zuschüsse seitens der Rechtsträger — bei den charitativen Anstalten durch Zuwendungen aus Stiftungen und dgl., bei den Kommunen durch die Steuergelder der Bürgerschaft — gedeckt.

Träger der kommunalen Krankenhäuser sind die Städte und Gemeinden, die Landkreise und kreisähnlichen kommunalen Verwaltungskörper, die Zweckverbände und die Provinzen und provinzähnlichen Verwaltungskörper.

Das Deutsche Reich besitzt im ganzen nach den letzten Veröffentlichungen des statistischen Reichsamts 3842 Krankenhäuser — öffentliche und private — mit 374260 Betten; rechnet man, was vielfach geschieht und infolgedessen zu Verwirrungen Anlaß gibt, auch die Heil- und Pflegeanstalten sowie die Heilanstalten für Tuberkulöse und Alkoholkranke sowie die Anstalten für Blinde und Taubstumme, die Anstalten für Schwachsinnige und Epileptiker sowie die Erholungsheime und die Anstalten für Mutter und Kind hinzu, so steigt die Zahl im ganzen auf 1156867 Betten. Von diesen rund 1,2 Millionen Anstaltsbetten fallen auf die kommunalen Selbstverwaltungskörper rund 550000 Betten, also beinahe 50%, nicht ganz soviel auf die Organe der freien Wohlfahrtspflege, der kleine Rest auf die Reichs- und Staatsverwaltungen sowie auf die Sozialversicherungsträger, also die Kassen und Berufsgenossenschaften. Die Zahl der kommunalen Krankenhäuser beträgt nach erst kürzlich erfolgten Veröffentlichungen 1358 mit 153592 Betten. Hiervon gehören 64,3% den Gemeinden. Der Rest fällt auf die Kreise, Zweckverbände und die Provinzen. Die Kommunen haben also die größere Zahl der öffentlichen Krankenhäuser mit der größten Gesamtzahl der Krankenbetten; von den kommunalen Selbstverwaltungskörpern haben die Gemeinden und Städte im Vergleich zu den Kreisen und Provinzen bei weitem das Übergewicht. Es ist und bleibt ein Ruhmesblatt für die deutschen Kommunen, daß sie auf dem Gebiete der geschlossenen Fürsorge, auf dem Gebiete der Krankenhauspflege in den letzten Jahrzehnten hervorragende Leistungen unter Aufwendung gewaltiger Mittel aufzuweisen haben, im Gegensatz zum Ausland, besonders Amerika, wo als Träger des Krankenhauswesens in erster Linie der Staat und Privatorganisationen auftreten.

Diese durch edlen, opferbereiten Bürgersinn veranlaßte kommunale Betätigung auf dem Gebiete der geschlossenen, der Anstaltsfürsorge, legt uns nun die Frage nahe, ob und welche gesetzlichen Verpflichtungen für die Kommunen zur Schaffung eigener Krankenhäuser bestehen, etwa wie z. B. das 1927 erlassene Reichsgesetz zur Bekämpfung der Geschlechtskrankheiten die Kommunalverwaltungen mit der Durchführung dieses Gesetzes beauftragt hat. Es ist von Interesse, daß eine solche gesetzliche Pflicht im allgemeinen nicht besteht mit wenigen Ausnahmen;

vielmehr war und ist es ein nobile officium für die Kommunen im Interesse der Gesundheitspflege, im Interesse einer gesicherten Gesundheitspflege der gesamten Bürgerschaft, neben den charitativen Anstalten der freien Wohlfahrtspflege und den in der Regel kleinen privaten Anstalten eigene mustergültige Krankenhäuser meist größeren Umfanges zu bauen.

Eine gesetzliche Verpflichtung zur Schaffung eigener Krankenhäuser besteht für die Kommunen nur zur Unterbringung von Kranken mit ansteckenden Krankheiten auf Grund der Seuchengesetze und des Reichsgesetzes zur Bekämpfung der Geschlechtskrankheiten, und schließlich auf Grund der Reichsgrundsätze (zur Fürsorgepflichtverordnung) über Voraussetzung, Art und Maß der öffentlichen Fürsorge und anderer Kranker, soweit sie hilfsbedürftig im Sinne der Fürsorgepflichtverordnung sind: zu diesen zählen also die Wohlfahrtskranken — früher Armenkranke genannt. Auch die Unterbringung von Geisteskranken, Idioten, Epileptischen und Krüppeln regelt sich nach den Fürsorgepflichtverordnungen.

Bezirksfürsorgeverbände sind die Stadt- und Landkreise und die Stadtgemeinde Berlin, Landesfürsorgeverbände sind die Provinzialverbände und gleichfalls die Stadtgemeinde Berlin. Die Landesfürsorgeverbände haben außer der Fürsorge für die Geisteskranken usw. auch die Fürsorge für die Siechen, die chronisch Kranken zu übernehmen.

Hinsichtlich der Infektionskranken besagt der § 14 (2. Absatz) des Reichsgesetzes betreffend die Bekämpfung gemeingefährlicher Krankheiten von 1900 — gemeint sind hier Cholera, Pocken, Pest, Gelbfieber und Aussatz: »Werden auf Erfordern der Polizeibehörde in der Behausung der Kranken die nach dem Gutachten des beamteten Arztes zum Zwecke der Absonderung — Isolierung — notwendigen Einrichtungen nicht getroffen, so kann, falls es der beamtete Arzt — hier also der Kreisarzt — für unerläßlich und der behandelnde Arzt es ohne Schädigung des Kranken für zulässig erklärt, die Überführung des Kranken in ein geeignetes Krankenhaus angeordnet werden.« Und der § 23 ergänzt diese Anordnung, indem er sagt: »Die zuständige Landesbehörde kann die Gemeinden oder die weiteren Kommunalverbände dazu anhalten, ihnen also aufgeben, diejenigen Einrichtungen, welche zur Bekämpfung der gemeingefährlichen Krankheiten notwendig sind, zu treffen.«

Zur Bekämpfung der uns mehr interessierenden übertragbaren Krankheiten, unter denen man Diphtherie, Scharlach, Typhus, Ruhr u. a. versteht, sagt das Preußische Gesetz von 1905 in der Fassung von 1926 im § 29: »Die Gemeinden sind verpflichtet, diejenigen Einrichtungen, welche zur Bekämpfung der übertragbaren Krankheiten notwendig sind, zu treffen und für deren ordnungsmäßige Unterhaltung zu sorgen.« Die Kreise sind befugt, diese Einrichtungen an Stelle der Gemeinden zu treffen und zu unterhalten. Die Anordnungen zur Beschaffung der in § 29 bezeichneten Einrichtungen erläßt die Kommunalaufsichtsbehörde — also für Berlin der Oberpräsident. In den Ausführungen zu obigem Gesetz wird es der Kommunalaufsichtsbehörde zur Pflicht gemacht, rechtzeitig dafür Sorge zu tragen, daß der Bedarf an Unterkunftsräumen usw. seitens der Kommunalverbände sichergestellt ist. Die Krankenräume müssen also vorhanden sein, dürfen nicht etwa erst im Falle der Not errichtet werden. Auch nach der Preußischen Dienstanweisung für die Kreisärzte von 1909 hat der Kreisarzt seine Aufmerksamkeit darauf zu richten, daß der bei epidemischem Auftreten übertragbarer Krankheiten zu erwartende Bedarf an Unterkunftsstätten für Kranke, Beobachtungs- und Absonderungsräume, seitens der Gemeinden oder Kreise beizeiten sichergestellt ist. Unterläßt es eine Gemeinde trotz vorhandener Leistungsfähigkeit, unbedingt notwendige Vorbereitungsmaßregeln im Sinne dieser Ausführungen zu treffen, so hat der Kreisarzt der Kommunalaufsichtsbehörde den Sachverhalt vorzutragen. So hat der verstorbene Min.-Direktor Kirchner, der geistige Schöpfer dieser Seuchengesetze, weitschauend festgelegt, daß jede Kommune im ureigenen Interesse ihrer Bevölkerung beim Auftreten von Infektionskrankheiten verpflichtet ist, die erforderlichen Krankenräume zu jederzeitigen Verwendung zur Verfügung zu halten.

In gleicher Weise gibt das Reichsgesetz zur Bekämpfung der Geschlechtskrankheiten im § 8 dem Stadt- oder Landkreis auf, daß ein von der Gesundheitsbehörde angeordnetes Heilverfahren in einem bestimmten Krankenhaus durchgeführt wird, und ausdrücklich wird im § 6 hervorgehoben, daß die Stadt- und Landkreise die durch die Tätigkeit dieser Gesundheitsbehörden entstehenden Kosten zu tragen haben.

Die Gemeindeverwaltungen sind also gesetzlich verpflichtet, für die eben besprochenen Fälle Vorkehrungen für zweckentsprechende Unterkünfte dieser Kranken rechtzeitig zu treffen, entweder durch vertragliche Bindung mit Krankenanstalten der freien Wohlfahrtspflege oder anderer Art (z. B. Universitätskliniken), oder aber — falls solche vertraglichen Sicherungen nicht möglich sind oder nicht eingegangen werden können — besondere Unterkunftsgelegenheiten von sich aus zu schaffen, also eigene Krankenhäuser für diese Zwecke zu bauen.

Fast alle Kommunalverwaltungen sind aber aus moralischer Verpflichtung ihren Bürgern gegenüber weit über diese gesetzlichen Bestimmungen hinausgegangen, indem sie auch für die chirurgischen und die verschiedenen Arten von inneren Kranken sowie für die Geburtshilfe und andere Spezialstationen, worauf in letzter Zeit besonderer Wert gelegt wird, die erforderliche Zahl von Krankenbetten freiwillig schufen, geleitet aber auch von dem Wunsche, an der Förderung der ärztlichen Wissenschaft und Kunst aus eigener Initiative und im Interesse des Wohlergehens der gesamten Öffentlichkeit mitzuhelfen und beizutragen. So herrscht in den großen Anstalten der Kommunen auch ein erfreulich wissenschaftlicher Geist, der zu im In- und Ausland anerkannten Erfolgen geführt hat. Die weitklingenden Namen städtischer Krankenhausärzte sind Beweis dafür. Gelegentlich sind auf Grund des Bestehens erstklassiger städtischer Krankenhäuser Akademien für praktische Medizin vom Staate geschaffen worden, wie in Köln, Düsseldorf, Frankfurt a. M.

Mit dem Wachsen der deutschen Kommunen besonders in der Vorkriegszeit, vielfach aber auch in der Nachkriegszeit, in erster Linie aber durch die gewaltigen Fortschritte der modernen medizinischen Technik auf allen Gebieten und nicht zuletzt durch das ständig wachsende Vertrauen der Gesamtbevölkerung zu unserer modernen Krankenhausbehandlung durch wohlausgesuchte Ärzte und zu der möglichst individuellen Betreuung durch gut ausgebildetes Pflegepersonal wuchs auch das Bedürfnis nach Krankenhausbetten allgemein. Dies hatte auch eine starke Vermehrung der kommunalen Krankenhäuser zur Folge.

Die gewaltige Entwicklung der Krankenanstalten insgesamt sei an folgenden Zahlen illustriert: An Kranken-, Heil- und Pflegeanstalten waren insgesamt in Deutschland vorhanden: 1894: 3300 mit 213500 Betten, 32 Jahre später, 1926: 11667 mit 1051920 Betten. Diese Anstalten oder vielmehr der Prozentanteil an Betten waren und sind aber nicht gleichmäßig über Stadt und

Land verteilt; besonders verlangten stürmisch plötzlich angewachsene industriereiche Gegenden — wie das Rhein-Ruhr-Gebiet — ein Mehr an Krankenhausbetten; das gleiche war in den Hafenstädten der Fall. Nach einer von uns veranlaßten Rundfrage waren am 1. April 1929 auf 1000 Einwohner vorhanden insgesamt:

in Nürnberg	5,3 Betten	in Karlsruhe	9,5 Betten
„ Leipzig	5,7 „	„ Frankfurt a.M.	9,5 „
„ Krefeld	6,1 „	„ Hamburg	9,9 „
„ Hannover	6,1 „	„ München	10,2 „
„ Lübeck	7,0 „	„ Stuttgart	11,5 „
„ Essen	7,7 „	„ Mainz	15,6 „
„ Düsseldorf	7,9 „	„ Trier	18,9 „
„ Mannheim	8,0 „	„ Koblenz	19,9 „

In kleinen Städten und Gemeinden beträgt die Promillezahl 3—5; im ganzen Deutschen Reich war diese Ziffer im Jahre 1927 5,7, im Jahre 1913 nur 4,3‰. Im Jahre 1920 betrug in Groß-Berlin die Zahl noch 5 : 1000, 1929 = 6,5 : 1000.

Die Reichshauptstadt hatte also 1929 auf 1000 Einwohner berechnet weniger Krankenhausbetten als Lübeck, Essen, Düsseldorf, Mannheim, Karlsruhe, Frankfurt a. M., Hamburg, München, Stuttgart. So herrschte nicht nur rechnerisch, sondern, wie wir alle wissen, auch tatsächlich bis vor kurzem in Berlin wie in mehreren anderen Städten eine fühlbare Krankenhausbettennot, die sich naturgemäß recht unangenehm auswirken mußte, als 1928/29 und 30/31 eine Grippeepidemie über Deutschland und auch über Berlin kam. Bei der damals vorhandenen allgemeinen, außerordentlich drückenden Wohnungsnot, die sich kranken Menschen gegenüber zwangsläufig dahin auswirken mußte, daß man auch bei leichteren Krankheitserscheinungen ein Krankenhaus aufsuchte, kamen viele Städte, selbst Frankfurt a. M. mit einer günstigeren Bettenzahl als Berlin — wenn auch vorübergehend — in große Schwierigkeiten mit der Unterbringung ihrer Kranken. In Frankfurt mußten Schulen als Notkrankenhäuser hergerichtet werden, wie vor einigen Jahren in Hannover anläßlich der dort ausgebrochenen Typhusepidemie. Der Stadtverwaltung Berlin — auch mir persönlich — wurden während der Grippeepidemie Vorwürfe gemacht, weil trotz entsprechender Vorsorge durch Sicherstellung von Baracken beim Roten Kreuz an zwei Tagen nicht alle Grippekranken untergebracht werden konnten. An sich ist die Stadt ja nicht gesetzlich verpflichtet, für Grippekranke Krankenhausbetten in besonderem Maße zur Verfügung zu halten, da Grippe nicht zu denjenigen Infektionskrankheiten zählt, für die, wie ich vorher ausführte, eine Kommune gesetzlich verpflichtet ist, Krankenhausbetten bereit zu stellen; auch ist es keinem Menschen möglich, vorher etwa die Zahl der erforderlichen Krankenhausbetten zu errechnen, da kein Mensch die Ausdehnung, die eine Epidemie, besonders eine Grippeepidemie nehmen kann, vorauszuahnen in der Lage ist. Man muß dann zu Improvisationen seine Zuflucht nehmen. In Berlin, wie in anderen Städten, war man aber mit dem Erbauen von Krankenhäusern durch die wirtschaftlich-finanziellen Nöte der Inflations- und Deflationsjahre in Rückstand gekommen, für die nicht Einzelpersonen, sondern die gesamte Wirtschaftslage verantwortlich gemacht werden mußten. Auch jetzt, d. h. schon seit mehr als einem Jahr, ist eine neue schwere Wirtschaftskrise über die Kommunen hereingebrochen, die sich auch auf dem Gebiet des Krankenhausbaues wiederum außerordentlich ungünstig — ja katastrophal auswirken muß, ja ausgewirkt hat; denn Krankenhausbauten durch Kommunalverwaltungen erfordern nicht nur Zeit, sondern auch große Summen; Krankenhäuser sind Millionenobjekte. Rechnet man doch jetzt für ein Krankenbett bei einem Krankenhausneubau durchschnittlich 11000 bis 13000 und mehr Mark — in Fürth kam 1930 das Bett auf 12000 RM. zu stehen, bei einer Bettenzahl von 420 in einem Bau von schlichter Sachlichkeit und doch von monumentaler Größe —, bei Erweiterungsbauten 8000 bis 10000 RM. In einer Denkschrift an den Magistrat und die Stadtverordnetenversammlung vom März 1929 hat das Hauptgesundheitsamt der Stadt Berlin im Sinne einer Krankenhauspolitik bis zum Jahre 1935 und mit dem Ziele, statt 6,5 Betten auf 1000 E. 7 auf 1000 E. — was im Vergleich zu anderen Städten, wie ich bereits ausgeführt, bescheiden genannt werden muß — zu erreichen, die erforderliche Summe auf $59^1/_2$ Mill. RM. errechnet.

Man mußte bei der schweren finanziellen Notlage fast aller Städte, besonders der Stadt Berlin, bezweifeln, daß es der kommunalen Finanzverwaltung möglich sein würde, der Krankenhausverwaltung diese oder auch nur einen wesentlichen Teil dieser Summe in der nächsten Zeit für Neubauzwecke zur Verfügung zu stellen. So mußten die geplanten Neubauten unterbleiben, was bei der seit Jahresfrist herrschenden Unterbelegung aller Krankenhäuser — heute — vom Standpunkt der städtischen Finanzen nur begrüßt werden kann. Sah sich doch Berlin gezwungen, aus wirtschaftlichen Gründen einige Krankenhäuser überhaupt zu schließen, da auch unter dem Einfluß der Notverordnungen und scharfer Bestimmungen der Krankenkassenverbände jetzt auffallend weniger Kranke in alle Krankenhäuser geschickt werden als früher, d. h. noch vor 1—2 Jahren. Auf die Gründe dieser Unterbelegung kann ich hier nicht weiter eingehen; ich will nur erwähnen, daß die Notverordnung vom 8. Dezember 1931 die Lage voraussichtlich noch ungünstiger gestalten wird.

Wenden wir uns nun der wirtschaftlichen Seite der Krankenhausverwaltung, des Krankenhausbetriebes zu, verschaffen wir uns einen Einblick und Überblick über die gewaltige finanzielle Belastung, die der Krankenhausetat für eine Kommune bedeutet, halten wir uns vor Augen, wie verhältnismäßig niedrig die Einnahmen und wie gewaltig groß die Ausgaben eines städtischen Krankenhauses sind und wie hoch die Zuschüsse sein müssen, welche die Kommunalverwaltung zu leisten hat, den Bedarf an Mitteln zu decken, um den Krankenhausetat in das Gleichgewicht zu bringen.

Was für die Stadtgemeinde Berlin zutrifft, gilt im allgemeinen auch für jede andere Kommunalverwaltung unter Berücksichtigung der einzelnen lokalen Verhältnisse. Zunächst einen Überblick: Es würde verwirren, wenn ich die Krankenhauseinnahmen und -ausgaben der Berliner kommunalen Krankenhäuser im einzelnen hier aufführen wollte, besonders, da seit dem ersten Deflationsjahr 1924 bis zum letzten Etat 1930/31 beide Posten gewaltig gestiegen sind, in erster Linie die Summen für die Ausgaben. Ich möchte des leichteren Überblicks halber nur die Höhe der Zuschüsse, d. h. also des alljährlichen Mehrbedarfs, vor Augen führen, der eben nötig ist, um die Spanne zwischen Einnahmen und Ausgaben auszugleichen, wobei selbstverständlich die Einnahmen durch die Kur- und Verpflegungssätze der Wohlfahrtskranken nicht berücksichtigt sind, da die Stadtverwaltung selbst dafür aufzukommen hat, diese Einnahmen für die Stadt also keine Einnahmen sind, sondern Ausgaben für die städtischen Wohlfahrtskranken, die von einem Stadtsäckel, nämlich dem des städtischen Wohlfahrtsamtes, in den anderen Stadtsäckel, den der städtischen Gesundheitsverwaltung, fließen.

Der Mehrbedarf für die Berliner Krankenhäuser betrug im Etatsjahr

1924:	16,4 Millionen
1925:	23,6 ,,
1926:	29,5 ,,
1927:	30,3 ,,
1928:	33,5 ,,
1929:	35,8 ,,
1930:	35,6 ,,

In dem Etat für 1931/32 ist durch die alles beherrschende Finanznot auch im Krankenhausetat die Zuschußsumme stark gekürzt worden. Auch für die Berliner Heil- und Pflegeanstalten — also unsere städtischen Irrenhäuser — sowie für die städtischen Siechenanstalten werden alljährlich einige Millionen als Zuschuß gezahlt.

Für die Heil- und Pflegeanstalten im Etatsjahr

1924:	6,0 Millionen
1925:	7,7 ,,
1926:	9,7 ,,
1927:	11,2 ,,
1928:	14,5 ,,
1929:	15,5 ,,
1930:	15,6 ,,

Für die Siechenanstalten im Etatsjahr

1924:	3,5 Millionen
1925:	4,3 ,,
1926:	4,9 ,,
1927:	4,9 ,,
1928:	4,9 ,,
1929:	9,0 ,,
1930:	9,9 ,,

Das sind im ganzen so gewaltig hohe Summen, daß man hierfür, wenn sich Einnahmen und Ausgaben einigermaßen die Waage halten könnten, solch hohe Zuschüsse also nicht notwendig würden, jedes Jahr einige neue kommunale Krankenhäuser bauen könnte; es ist aber hieraus auch zu ersehen, daß — häufig hört man es anders — die Stadtverwaltung schon ganz beträchtliche Summen für ihre Kranken-, Heil- und Pflegeanstalten ausgibt und damit ein eminent großes Interesse für die kommunale geschlossene Fürsorge bekundet.

Die große Frage ist nur — und hierbei leitet mich nur mein tiefes und ernstes persönliches Interesse für kommunale Krankenhausneubauten —, könnte man nicht durch weitere Erhöhung die Einnahmen und durch eine — sagen wir vernünftige, d. h. rationelle Senkung der Ausgaben die Höhe des alljährlichen Millionenzuschusses herabdrücken. Ich will hier nicht verhehlen, daß es in letzter Zeit den nichtkommunalen Krankenhausverbänden, in erster Linie den konfessionellen, möglich gewesen ist, hier in Berlin in verhältnismäßig kurzer Zeit neue Krankenhäuser unter Ausnutzung der neuesten Erfahrungen zu bauen. Ich erwähnte aber auch schon früher, daß diese charitativen Krankenhäuser in der Regel so wirtschaftlich arbeiten, daß Einnahmen und Ausgaben balancieren oder nur ein kleiner Zuschuß nötig wird; sie können aber auch billiger arbeiten, da sie durch ihr charitatives Pflegepersonal, sowohl was die Länge der Arbeitszeit als auch was die Höhe der Löhne anbelangt — politische Fragen, auf die ich nicht weiter eingehen kann — nicht so hohe Ausgaben wie die kommunalen Anstalten haben, andererseits auch ihre Einnahmen sich durch die Beträge aus den 1. und 2. Klassenbetten nicht unwesentlich erhöhen. Nach meinen erst kürzlich angestellten Erhebungen gibt es aber auch einige Kommunen, die für städtische Krankenanstalten nur einen geringen Zuschuß zu gewähren haben, ich nenne zunächst Königsberg.

In Berlin betrug der tägliche Zuschuß pro Krankenbett

1929:	5,03 RM.;	in Königsberg 99 Pf.
1930:	4,23 „ zuletzt 4,03 RM.;	„ „ 66 „

Die Stadt Königsberg war in der Lage, in der städtischen Krankenanstalt — 700 Betten — ihre Einnahmen pro Krankentag und -bett zu erhöhen und die Ausgaben zu senken, daß

1929	einer täglichen Einnahme von	6,40 RM.
	eine tägliche Ausgabe von	7,39 RM.

gegenüberstand, so daß sich der geringe tägliche Zuschuß von 99 Pf. ergibt, der im Jahre 1930 gar auf 66 Pf. herabgedrückt werden konnte. Königsberg erhebt im übrigen, wie viele andere Städte, außer dem täglichen Kur- und Verpflegungssatz noch besondere Nebenkosten — z. B. eine besondere Entbindungsgebühr von 36 RM. — und hat noch besondere Einnahmen von den Patienten der 1. und 2. Klasse. In Berlin sind mit dem täglichen Verpflegungssatz alle Leistungen abgegolten. Auch in den städtischen Krankenanstalten Stuttgarts ist der tägliche Zuschuß pro Bett verhältnismäßig klein; die Selbstkosten betragen 6,30 RM.; von den Krankenkassen wird ein Satz von 5,50 RM. erhoben; dazu noch einige Nebenkosten. Die Stadt Frankfurt a. O. bezahlt in ihrem Krankenhaus mit 345 Betten einen Jahreszuschuß von 14935 RM. — pro Bett also im Jahr nur 43 RM.

Die Einnahmemöglichkeiten der kommunalen Krankenhäuser: Die Einnahmen werden in erster Linie repräsentiert durch die Kur- und Verpflegungssätze, die für jeden Kranken pro Tag von den sozialen Versicherungsträgern, also den Krankenkassen usw., dem Wohlfahrtsamt oder von den sogenannten Selbstzahlern — die also keiner Versicherungsgesellschaft angehören, aufgebracht werden.

Es läge für einen Fernerstehenden nahe, anzunehmen, daß mit diesen Einnahmen entweder ganz oder doch wenigstens fast ganz die Ausgaben, welche durch die Behandlung der Kranken entstehen, abgegolten seien. Das ist aber nicht der Fall und ich darf hinzufügen, das war auch früher, auch in der Vorkriegszeit, weder bei den kommunalen Berliner Krankenhäusern noch bei anderen Städten der Fall. Die Kommunalverwaltungen standen also immer auf dem Standpunkt, daß man im Interesse der Gesundheit des Volkes bei der Inanspruchnahme der Krankenhauspflege nicht den ganzen Betrag der Unkosten erheben solle, sondern nur den größeren Teil von den Selbstkosten, im Gegensatz zu den nicht kommunalen gemeinnützigen Krankenanstalten, die von den Krankenhauspatienten ungefähr ihre allerdings, wie ich vorher ausführte, im Vergleich zu den kommunalen Krankenanstalten niedrigeren Selbstkosten fordern.

So ist von der Stadtverwaltung Berlin im Jahre 1909 — in jenen Zeiten, wo — sit venia verbo — die Städte wie das Reich noch im Gelde schwammen — der Beschluß gefaßt worden, daß der Erhebungssatz in den Alt-Berliner Krankenanstalten für einheimische Erwachsene und Kinder einheitlich nur 3 Mark betragen sollte, obwohl die tatsächlichen Selbstkosten noch im Jahre 1913 4,68 Mark betrugen. Dieser Satz von 3 Mark pro Tag und Krankenbett stellte etwa zwei Drittel der Selbstkosten dar. Ich übergehe die Zeit der Inflation, wo wir mit der Erhöhung unserer Krankenhaussätze gar nicht schnell genug dem rapid sinkenden Wert der Papiermark folgen konnten; ständig steigende Erhöhungen der Kurkostensätze waren die Folgen. Im Oktober 1923 — dem Höchststand der Inflation — wurde ein täglicher

Kurkostensatz von 18 Milliarden (= 18 Goldpfennige) erhoben. Nach Festsetzung der Rentenmark, und zwar vom 1. November 1923 ab, betrug der Kurkostensatz 1,80 RM., womit — allein schon im Vergleich mit dem Vorkriegssatz von 3 Mark — natürlich nicht auszukommen war. So mußte der Kurkostensatz bereits 15 Tage später auf 2,40 RM. und — wieder 14 Tage später — vom 1. Dezember 1923 ab auf 4 RM. erhöht werden. Dieser Satz blieb 6 Monate, stieg dann auf 4,30 RM. und mit den steigenden Unkosten allmählich bis auf 6,80 RM., der seit dem 1. Dezember 1930 sogar auf 7 RM. erhöht werden mußte, da unsere Selbstkosten längst auf 11,03 RM. gestiegen waren; es bleibt auch dann noch ein Zuschuß von rund 4 RM., den die Stadt täglich pro Bett zu leisten hat. Zwei Drittel der Selbstkosten hätten einen Betrag von 7,34 RM. täglich ergeben. Im Jahre 1923 war sogar von der Stadtverordnetenversammlung beschlossen worden, drei Viertel der Selbstkosten zu erheben; in diesem Falle hätte der Kurkostensatz statt 7 RM. 8,25 RM. betragen müssen. Unsere Partner bei diesen wirtschaftlichen Verhandlungen sind die Kassenverbände; an ihren Gegengründen wirtschaftlicher und sozialer Art kann man nicht ohne weiteres vorbeigehen, zumal die Kassenmitglieder den höchsten Prozentsatz der Kranken in den städtischen Krankenhäusern stellen. Findet eine Einigung nicht statt, so besteht immerhin die Gefahr, daß die Kassenverbände sich entschließen könnten — was ich aber nicht annehmen möchte —, von ihrem gesetzlichen Recht Gebrauch zu machen, ihren Mitgliedern nur die Regelleistungen zu gewähren, d. h. anstatt Krankenhausbehandlung nur in gewisser Höhe Bargeldentschädigung.

Krankenkassenmitglieder, Selbstzahler und Wohlfahrtskranke, das sind die Personenkreise, aus denen sich die Krankenhauspatienten zusammensetzen. Berechnet man die Zahl der Gesamtverpflegungstage auf diese drei Arten von Krankenhauspatienten, so fallen nach den neuesten Feststellungen im Etatsjahr 1929/30 in den Krankenhäusern Berlins auf die

Krankenkassenmitglieder	57%
Selbstzahler	6%
Wohlfahrtskranken	37%.

Im Etatsjahr 1924/25 betrugen die entsprechenden Zahlen 54,5%, 9% und 36,5%, d. h. die Anzahl der Selbstzahler, der Nichtversicherten, ist als Auswirkung der wirtschaftlichen Not um 3% gesunken, die Kassenpatienten haben um diesen Prozentsatz zugenommen. In der Vorkriegszeit betrugen die Prozentzahlen nach Gottstein bei

Krankenkassenmitglieder	40%
Wohlfahrtskranken	30%
Selbstzahlern	30%.

Da wir in den Berliner städtischen Krankenhäusern mit ganz wenig Ausnahmen nur eine Klasse, nämlich die 3. Klasse, also die Einheitsklasse, haben, so ist der Kur- und Verpflegungssatz für Krankenkassenmitglieder und Selbstzahler gleich hoch, z. Zt. also 7 RM. Dieser Satz entspricht im allgemeinen auch den Unkosten, die bei den nichtkommunalen gemeinnützigen Anstalten durchschnittlich anfallen; auch haben wir mit dem Reichsverband dieser nichtkommunalen Anstalten bzw. dem Provinzialverband für Berlin und Brandenburg für freie Gesundheitsfürsorge eine Arbeitsgemeinschaft, so daß sie denselben Kur- und Verpflegungssatz erheben wie die Stadt und damit im allgemeinen ihre Gesamtselbstkosten decken können.

In den städtischen Krankenhäusern sind die Selbstkosten aber, wie ich bereits an anderer Stelle ausgeführt habe, höher als bei den nichtstädtischen Anstalten, wesentlich höher aber auch im Vergleich zu der Vorkriegszeit.

Als die wesentlichste Steigerung für die Selbstkosten in kommunalen Krankenhäusern, auch der Vorkriegszeit gegenüber, entfallen auf die bei der Kommune erhöhten Ausgaben die Beträge für das Personal, die in den letzten beiden Jahren rd. 57% der Unkosten überhaupt darstellen. Die relative Vermehrung bei dem Personal ist u. a. auf eine Verkürzung der Arbeitszeit für das Pflege- und Hauspersonal zurückzuführen, wobei ich hervorheben muß, daß das ärztliche Personal im Vergleich zu der Vorkriegszeit kaum eine Vermehrung erfahren hat, wie ja auch die Arbeitszeit unverändert geblieben ist.

Die Gesichtpunkte des modernen Krankenhausbaues kann ich nur kurz erörtern, da man für dieses äußerst aktuelle Thema einen ganzen Vortragsabend für sich in Anspruch zu nehmen wohl berechtigt sein dürfte.

Was zunächst die Bauart der Krankenhäuser anbelangt, so ist man in letzter Zeit zu einfacherer Außengestaltung, zu sogenannten Zweckbauten, übergegangen. Nicht mehr souverän wie früher darf der Architekt allein dem Krankenhausbau seine Eigenart aufdrücken, sondern die Bedürfnisse der Kranken selbst und die

Forderungen der medizinisch-hygienischen Technik — auch die Forderungen der Ärzte — müssen maßgebend und ausschlaggebend sein.

Das moderne Krankenhaus muß hiernach von innen heraus gebaut werden. Das Äußere, die Fassade, kommt in zweiter Linie, wobei die Architektur doch ansprechend sein kann und der Eindruck einer großen Fabrik oder einer Kaserne durchaus vermieden werden muß. Es ist begreiflich, daß bei dem in der Jetztzeit sich stark bemerkbar machenden Drängen nach grundlegender Umgestaltung allgemeiner und privater Bauten überhaupt auch für den Krankenhausbau, sei es als Neu- oder Erweiterungsbau, andere Grundsätze maßgebend sein müssen als früher. Die opulente Bauart, wie sie sich Berlin noch vor 24 Jahren mit der Bevorzugung eingeschossiger Pavillons im Rudolf Virchow-Krankenhaus nach dem Entwurf Ludwig Hoffmanns leisten konnte, die noch heute die Bewunderung in- und ausländischer Ärzte und Kommunalpolitiker findet, und Krankenhäuser wie Hamburg-Eppendorf mit seiner großen Zahl einzeln stehender ein- bis zweigeschossiger Flachbauten werden wir wohl in den nächsten Jahrzehnten nicht mehr erleben. Man darf heute ruhig aussprechen, daß das eingeschossige Pavillonsystem als Typ für eine Krankenhausanlage eine gewisse Entgleisung ins Unwirtschaftliche und Unzweckmäßige gewesen ist. Jede unnötige Auseinanderziehung einzelner Krankenabteilungen — die Abteilung für Infektionskranke vielleicht ausgeschlossen — bedeutet und bedingt eine Betriebsverteuerung, weil Wege Personalleistung beanspruchen und Geld kosten.

In Deutschland hat die wirtschaftliche Not in den letzten Jahren zu wirtschaftlicher Betriebsführung, zur Rationalisierung gezwungen, auch im Krankenhausbau. Für alle Verwaltungen steht die Frage möglichst geringer Bau- und Betriebsaufwendungen im Vordergrund. So sehr der hygienische Luxus des Pavillonbausystems in der früheren Zeit begrüßt werden konnte, so geht man doch allgemein zu weitgehender Konzentration der Gesamtbauanlage, zu dem mehrgeschossigen Blocksystem, ja zu Hochhäusern mit 7—9 Stockwerken über, ohne jedoch in den alten Fehler zu verfallen, Krankenräume zu beiden Seiten eines schlecht belichteten und schlecht entlüftbaren Mittelkorridors zu legen. Einen solchen Hochhausneubau stellt z. B. die dermatologische Abteilung des städtischen Krankenhauses links der Isar in München dar. In Amerika, besonders in New York, ist beim Geschäfts- und Hotelbau die Hochhaus-, ja die Turmform seit geraumer Zeit eine allgemeine Erscheinung. Die amerikanische Bevölkerung, daran gewöhnt, findet im Gegensatz zu weiten Bevölkerungskreisen unserer Großstädte nichts Absonderliches daran, wenn man sich ihrer auch für ein Krankenhaus bedient. Anders liegen die Verhältnisse bei uns; und doch könnte man unter gewissen Voraussetzungen seine hygienischen Bedenken zurückstellen. In Deutschland bevorzugt man in letzter Zeit zusammengedrängte Bauten mit 5 und 6 Geschossen und einer Längenentwicklung bis zu 350 m und mehr. Häufig gehen von der Längsrichtung rechtwinklig ein oder mehrere Trakte ab, die Räume von allgemeiner Bedeutung, wie Operationssäle, Röntgenabteilung, Laboratorien und Apotheke, auch die Wirtschaftsräume umfassen.

Bei den vielgeschossigen Bauanlagen ist besonders dafür zu sorgen, daß die Kranken in bequemer Weise an die frische Luft gelangen können. Von den Dachgärten will ich nicht weiter sprechen. Ganz ideal ist nämlich diese Lösung nicht — man kann sie bei den beiden zuletzt eingeweihten katholischen Krankenhäusern in Berlin, aber auch in städtischen Krankenhäusern sehen. Hier liegt zweifellos ein Nachteil im Vergleich mit den 1—2 geschossigen Flachbauten, die gelegentlich auch mit — allerdings die Krankenräume verdunkelnden — Loggien versehen sind. Da ist es ein Verdienst von Dosquet, darauf aufmerksam gemacht zu haben, daß man Loggien, Balkone, Liegehallen vermeiden könnte, wenn man möglichst die ganze Frontwand in weite, in drei Teilen verschiebbare Fenster bis zu dem Fußboden auflöst, so daß der eigentliche Krankenraum jederzeit zu einer Loggia umgewandelt werden kann. Viel Luft, viel Licht, viel Sonne, das ist die Forderung dieses Bausystems, das — wenn auch hier und dort modifiziert — doch anfängt, allmählich Anerkennung zu finden. Ob allerdings durch diese Dosquetfenster eine Verbilligung des Baues eintritt, ist eine andere Frage: hygienisch sind sie aber zweifellos.

Ein anderer Typ für Krankenhausbauten ist der Terrassentyp, der in recht geschickter Weise u. a. von Döcker beim Bau des Bezirkskrankenhauses Waiblingen angewendet worden ist. Auch hier sollen die nach Süden gelagerten Krankenräume eines mehrgeschossigen Krankenhauses ungehemmt mit Luft und Licht erfüllt werden und doch einen unmittelbaren Zusammenhang mit davorliegenden Liegeterrassen behalten. Die stufenförmige, d. h.

in jedem höher gelegenen Geschoß entsprechend zurücktretende Profilgebung verhindert, daß die Terrasse des nächsthöheren Stockwerks den daruntergelegenen Krankenraum allzusehr beschattet.

Es ist für eine Kommunalverwaltung nicht ganz einfach, je nach den örtlichen Verhältnissen den zweckmäßigsten Bautyp auszuwählen. Hierfür steht den Kommunen die Auskunfts- und Bauberatungsstelle zur Verfügung, die als Organ der Arbeitsgemeinschaft der kommunalen Spitzenverbände für das Gesundheitswesen und des Gutachterausschusses für das öffentliche Krankenhauswesen in Arbeitsgemeinschaft mit dem Reichsverband der freien gemeinnützigen Kranken- und Pflegeanstalten Deutschlands eingerichtet ist; neuerdings ist noch eine »Beratungsstelle für Bau und Betrieb kommunaler Krankenhäuser« geschaffen worden. Der Auskunftsstelle — unter meiner Leitung— stehen führende Persönlichkeiten des gesamten öffentlichen Krankenhauswesens als Sachverständige für die Erstattung von Gutachten für den Neubau und die Erweiterung von Krankenanstalten usw. zur Verfügung. Eine internationale Krankenhausgesellschaft ist in Bildung begriffen; der 1. Internationale Krankenhauskongreß fand vor zwei Jahren in Nordamerika in Atlantic-City statt, der 2. hat in diesem Jahr in Wien stattgefunden.

Hier möchte ich auch noch auf eine weitere Einrichtung des Gutachterausschusses hinweisen, die dieser zusammen mit dem Reichsverband der freien gemeinnützigen Kranken- und Pflegeanstalten Deutschlands unterhält: auf den Fachnormenausschuß Krankenhaus, den »Fanok«, der gleichfalls von mir geleitet wird. Der Fanok, der auch Fachnormenausschuß des Deutschen Normenausschusses ist, hat die Aufgabe, planmäßig die Normung derjenigen üblichen Einrichtungs- und Bedarfsgegenstände der Krankenhäuser durchzuführen, deren technische Entwicklung als abgeschlossen betrachtet werden kann. Der Fanok hat bereits zahlreiche Normblätter herausgegeben, u. a. für die Möbel des Krankenzimmers, für Bettwäsche, Leibwäsche und Bekleidung, für Verbandsstoffe, für Desinfektionsapparate, für Krankentransportwagen, für Instrumente usw. Zahlreiche weitere Normen werden im Laufe der nächsten Monate herauskommen. Ich will hiermit nur andeuten, daß man auch in Deutschland ernstlich bestrebt ist, den Krankenhausbetrieb in praktischer Weise zu rationalisieren.

Eine Frage von nicht untergeordneter Bedeutung möchte ich zum Schluß noch kurz streifen, weil sie gerade für städtische Krankenhäuser mit ausschließlicher oder überwiegender Zahl von Betten 3. Klasse bei jedem Krankenhausneubau gelöst werden muß: die Frage, wieviel Betten sollen in einem Krankenraum Aufstellung finden? Während man früher dem damaligen Charakter der öffentlichen Krankenhäuser entsprechend Krankensäle für 20—36 Kranke und verhältnismäßig wenig Einzelzimmer schuf, muß man jetzt die Veränderung der sozialen Verhältnisse berücksichtigen. Man geht meist nicht mehr über 12—16 Betten in einem Krankenraum hinaus. Der Gutachterausschuß hat in den von ihm herausgegebenen »Richtlinien für den Neubau von Krankenanstalten« folgende Forderung ausgestellt: »Die einzelnen Krankenräume sollen höchstens 10, in der Regel nicht mehr als 6 Betten enthalten; es müssen aber auch auf jeder Abteilung mehrere Räume für 4 Betten, für 2 Betten und mindestens 2 Räume für je ein Bett vorhanden sein.« Das neue katholische Gertrauden-Krankenhaus in Berlin hat als Höchstbettenzahl 6 in einem Raum— und legt größeren Wert auf zahlreiche 4-, 3-, und 2-Bettenzimmer neben einzelnen Einbettenzimmern. Daß hierdurch eine größere Anzahl von Pflegepersonen gebraucht wird, muß man in Kauf nehmen. Auch die Baukosten erhöhen sich. Im Frieden rechnete man bei 16-bettigen Sälen 8800 Mk. pro Bett, bei 22-bettigen 7700 pro Bett, bei 28-bettigen Sälen 7000 und bei 32-bettigen Sälen nur 6600 Mk. pro Bett. M. E. müssen gerade kommunale Krankenhäuser, auch solche ohne 1. und 2. Klassenbetten, Wert darauf legen, über eine Zahl von kleineren Krankenräumen verfügen zu können — nicht nur im Interesse der Kranken selbst, was im Vordergrund steht — sondern auch um den nichtkommunalen gemeinnützigen Krankenhäusern nicht nachzustehen.

Eine große Anzahl deutscher Krankenhäuser — mit an erster Stelle die vorbildlichen Krankenhäuser der großen Kommunen — verdanken ihre führende Stelle im In- und Ausland neben dem weit über die Mauern der Stadt vorgedrungenen Ruf ihrer Ärzte dem Bau und der Einrichtung dieser Krankenhäuser selbst. Daß diese Anstalten Ärzten und Kranken alles Erdenkliche, was nach dem modernen Stand der Technik und Wissenschaft zu Heilzwecken dient, zu bieten in der Lage sind, und daß die Kranken in möglichst gut belichteten und gut entlüftbaren, hygienischen und anheimelnden Räumen untergebracht, die weitgehendste pflegerische Fürsorge genießen, ist nur möglich, weil die öffentlichen Körperschaften des Staates, der Kommunen und Sozialversicherungsträger, sowie die Organe der privaten charitativen Wohltätigkeit die für die großen Aufgaben und die vielseitigen Bedürfnisse der Krankenhäuser erforderlichen Mittel in weiser Würdigung der Vorteile der geschlossenen Fürsorge für das allgemeine Wohl bisher aufgebracht haben.

In großzügiger Weise sind besonders den kommunalen Krankenanstalten die notwendigen nicht geringen Zuschüsse mit den alljährlich aufgestellten Etats oder die sonst geforderten Summen auch in der schweren Zeit der Inflation und Deflation bewilligt worden. Möge es im Interesse der Krankenanstalten so bleiben. Möge es uns gelingen, zu verhindern, daß durch die deutsche Finanznot unsere weltberühmten kommunalen Krankenanstalten um Jahrzehnte in ihrer Leistungsfähigkeit zurückgeworfen werden, damit unser kostbares Gut, Gesundheit und Leben des Volkes, erhalten bleibt.

Literatur.

Acken, J. van, Das katholische caritative Anstaltswesen in der Gegenwart Freiburg i. Br., 1930, Caritas-Verlag, 122 S.

Alter, Das Deutsche Krankenhaus 1925, Berlin, 1927, J. Springer, 304 Seiten (mit zahlreichen Tabellen und Diagrammen).

Fielitz, Krankenhauswesen, Handbücherei für Staatsmedizin, Band X, Berlin, 1928, Carl Heymanns Verlag.

Gottstein, Handbücherei für das gesamte Krankenhauswesen. Berlin, 1930, J. Springer, 7 Bände.

Hoffmann, W., Braucht Berlin neue Krankenhäuser? Z.Krk.hauswes. 1928, H 1, S. 10.

Derselbe, Tätigkeit des Fachnormenausschusses Krankenhaus. Z.Krk.hauswes. 1928, H. 19, S. 527.

Hoffmann, W., und Unger, R., Unfallverhütungsvorschriften für die Betriebe des Gesundheitswesens. Z.Krk.hauswes. 1930, H. 13, S. 365.

Hoffmann, W., Die Einführung der Fanok-Normen in die Praxis. Z.Krk.hauswes. 1930, H. 24, S. 706.

Hoffmann, W., und Unger, R., Die Unterbelegung der Krankenhäuser in der zweiten Hälfte des Jahres 1930 (unter besonderer Berücksichtigung der Berliner Anstalten). Z.Krk.hauswes. 1931, H. 1, S. 5.

Hoffmann, W., und Unger, R., Beitrag zum Problem der Epidemiologie der Grippe auf Grund von Beobachtungen bei den letzten Berliner Grippeepidemien. Z.Krk.hauswes. 1931, H. 13, S. 379.

Kohlsdorf und Weinstock, Berufsbuch für Verwaltung, technischen und wirtschaftlichen Betrieb der Kranken-, Heil-, Pflege- und Wohlfahrtsanstalten (Auskunfts- und Nachschlagebuch). Leipzig, 1928. F. Leineweber, 729 Seiten.

Lieck, Heinrich, Die Anstaltsbuchführung. Berlin, 1927, Franz Vahlen, 86 S.

Pütter, Einrichtung, Verwaltung und Betrieb der Krankenhäuser, Leipzig, 1926. Johann Ambrosius Barth, 216 Seiten mit 62 Abbildungen.

Reichsverband der privaten, gemeinnützigen Kranken- und Pflegeanstalten Deutschlands, Das freie gemeinnützige Krankenhaus. Ethische Grundlagen und wirtschaftliche Forderungen. Berlin, 1930. Franz Vahlen, 37 Seiten.

Ruppel, Deutsche und ausländische Krankenanstalten der Neuzeit (Studien und kritische Betrachtungen über Anlage und Einrichtung größerer, neuzeitlicher Krankenanstalten). Leipzig, 1924. F. Leineweber, 149 Seiten mit 206 Abbildungen.

Schmieden, Krankenhausbau in neuer Zeit. Kirchhain N.-L., 1930, Kurt Schmersow, 346 Seiten mit 382 Abbildungen.

Weinstock, Krankenhaus-Betriebslehre (Grundsätze und Erfahrungen in wirtschaftlichen und verwaltungstechnischen Krankenanstalts-Betrieben). Leipzig, 1924. F. Leineweber, 467 Seiten mit mehreren Abbildungen.

FSC
www.fsc.org
MIX
Papier | Fördert gute Waldnutzung
FSC® C083411

Kolibri 360 GmbH
Ferdinand-Jühlke-Straße 7
99095 Erfurt, Deutschland
produktsicherheit@kolibri360.de